Rouven Wagner

20 Minuten Kochbuch

Schnelle vegane Rezepte für eine gesunde Ernährung

Inhaltsverzeichnis

Liebe Leserinnen und Leser,

mit großer Freude präsentiere ich Ihnen dieses Kochbuch zur entzündungshemmenden Ernährung, in dem pflanzliche und glutenfreie Rezepte im Mittelpunkt stehen. Essen ist nicht nur einfach Nahrung für den Körper, sondern kann auch eine Quelle des Wohlbefindens und der Heilung sein. Machen Sie sich auf eine kulinarische Reise, die Ihnen nicht nur exzellent schmecken wird, sondern durch die richtige Auswahl und Zubereitung auch Ihre Gesundheit fördern kann.

Eine entzündungshemmende Ernährung kann eine transformative Wirkung auf unseren Körper haben. Indem wir uns auf frische, pflanzliche Zutaten konzentrieren und gleichzeitig glutenhaltige Lebensmittel vermeiden, können wir Entzündungen reduzieren und mögliche Unverträglichkeiten minimieren. Dieses Kochbuch bietet Ihnen eine Vielzahl von köstlichen Rezepten, die nicht nur entzündungshemmend und glutenfrei sind, sondern auch mit ihrer Vielfalt an Aromen und Texturen beeindrucken werden.

Unsere Rezepte basieren auf saisonalen Zutaten und werden Ihnen helfen, eine gesunde und ausgewogene Ernährung zu genießen. Wir haben sorgfältig ausgewählt, welche Lebensmittel und Gewürze entzündungshemmende Eigenschaften haben, und sie in harmonischen Kombinationen zu schmackhaften Gerichten vereint. Von belebenden Smoothies und erfrischenden Salaten bis hin zu herzhaften Hauptgerichten und verlockenden Desserts – in diesem Buch finden Sie eine Fülle von Inspirationen für Ihre entzündungshemmende Reise.

Wir möchten Sie ermutigen, sich mit den Rezepten und Empfehlungen in diesem Buch kreativ auseinanderzusetzen. Experimentieren Sie mit den Zutaten, passen Sie sie an Ihre Vorlieben und Bedürfnisse an und entdecken Sie neue Geschmackskombinationen. Gleichzeitig möchten wir Ihnen auch nahelegen, auf Ihren Körper zu hören und Ihre Ernährung entsprechend anzupassen. Jeder Körper ist einzigartig und hat unterschiedliche Bedürfnisse, daher kann es hilfreich sein, sich mit einem Fachexperten abzusprechen, um die bestmöglichen Ergebnisse zu erzielen.

Wir hoffen, dass Sie dieses Kochbuch als wertvollen Begleiter auf Ihrer Reise zu einer entzündungshemmenden, pflanzlichen und glutenfreien Ernährung betrachten. Es ist uns eine Ehre, Ihnen diese Rezepte und Informationen zur Verfügung zu stellen und Ihnen dabei zu helfen, eine gesunde und nahrhafte Küche zu entdecken. Wir wünschen Ihnen viel Freude beim Kochen, Genießen und vor allem beim Aufblühen Ihres Wohlbefindens.

Mit herzlichen Grüßen

Ihr Rouven Wagner

Frühstücksideen

Avocado-Tomaten-Toast

Himbeer-Mandel-Bowl

Overnight Oats mit Mango und Kokos

Quark mit Beeren

Pikante Hummus-Stulle

Apfel-Zimt-Porridge

Pfannkuchen

Schoko-Brotaufstrich

Tofu-Rührei mit Spinat

Granola-Joghurt-Schichtbecher

Avocado-Toast mit buntem Gemüse

Chia-Pudding mit Kiwi

Avocado-Tomaten-Toast

ZUBEREITUNGSDAUER: 15 MIN - PORTIONEN: 1 - 2

Die Avocado, oft als Superfood gepriesen, hat ihren Ursprung in Südmexiko und wurde von den Azteken sowohl als Nahrungsmittel als auch für kosmetische Zwecke verwendet. Sie gehört überraschenderweise zur Familie der Lorbeergewächse und kann ihre Früchte erst nach einer erstaunlichen Anzahl von 4-7 Jahren tragen. Tomaten, trotz ihrer festen Präsenz in der italienischen Küche, stammen ursprünglich aus den Anden und waren bei den europäischen Adeligen im 18. Jahrhundert als exotische Zierpflanzen beliebt. Das Zusammenspiel von Avocado und Tomate auf einem knusprigen Toast bietet nicht nur eine Geschmacksexplosion, sondern auch eine kulinarische Verbindung von zwei Kontinenten.

Zutaten

2 reife Avocados
1 Handvoll Kirschtomaten
4 Scheiben Vollkornbrot oder anderes Brot der Wahl
1 Knoblauchzehe
1/2 Zitrone, Saft
1/4 Teelöffel Chiliflocken (optional)
Frischer Koriander oder Basilikum (optional)
Olivenöl
Salz und schwarzer Pfeffer zum Abschmecken

Zubereitung

1. **Vorbereitung der Avocado:** Avocado halbieren und den Kern entfernen. Das Fruchtfleisch mit einem Löffel aus der Schale heben und in eine Schüssel geben.
2. Die Avocado mit einer Gabel zerdrücken, bis eine leicht grobe Konsistenz erreicht ist.
3. Den Saft der halben Zitrone hinzufügen und gut vermischen. Dies verleiht nicht nur Geschmack, sondern verhindert auch, dass die Avocado braun wird.
4. **Toast zubereiten:** Die Brotscheiben in einem Toaster oder auf einem Grill rösten, bis sie goldbraun und knusprig sind.
5. Die gerösteten Brotscheiben leicht abkühlen lassen und dann eine Seite jeder Scheibe mit der rohen Knoblauchzehe einreiben. Dies gibt dem Toast ein dezentes Knoblaucharoma.
6. **Tomaten schneiden:** Tomaten halbieren.
7. **Zusammenstellung**: Den zerdrückten Avocado-Mix großzügig auf die gerösteten Brotscheiben verteilen.
8. Tomatenscheiben darauf legen.
9. Mit Salz, Pfeffer und optional Chiliflocken würzen.
10. Ein paar Tropfen Olivenöl über den Toast träufeln.
11. Bei Wunsch mit frisch gehacktem Koriander oder Basilikum garnieren.
12. **Servieren**: Sofort genießen, solange der Toast noch warm und knusprig ist.

Himbeer-Mandel-Bowl

ZUBEREITUNGSDAUER: 10 MIN - PORTIONEN: 4

Himbeeren sind nicht nur lecker, sondern auch kleine Kraftpakete, reich an Antioxidantien und entzündungshemmenden Eigenschaften. Diese Beeren sind überraschend auch ein gutes Mittel gegen den physischen Stress des Körpers und waren eine wichtige Quelle von Nahrung und Medizin für die indigenen Völker Nordamerikas. Mandeln hingegen, beliebt für ihre vielfältige Verwendung in der Küche, haben ihre Wurzeln in den alten Handelsrouten Asiens, wo sie sowohl als Nahrung als auch als Zahlungsmittel genutzt wurden.

Zutaten

1 Tasse gefrorene Himbeeren
1 Tasse ungesüßte Mandelmilch
1 EL Mandelbutter
1 EL Chiasamen
1 EL Ahornsirup oder Agavendicksaft (optional, je nach Süße-Bedarf)
1/2 Tasse Eiswürfel (optional, für einen kühleren Smoothie)
1 TL Vanilleextrakt
Ein paar frische Minzeblätter (optional, für zusätzliche Frische)

Zubereitung

1. **Vorbereiten der Zutaten:** Stelle sicher, dass alle Zutaten bereit sind und die Himbeeren gefroren sind, um einen kühlen, erfrischenden Smoothie zu erhalten.
2. **Mischen**: Kombiniere die gefrorenen Himbeeren, Mandelmilch, Mandelbutter, Chiasamen, Ahornsirup/Agavendicksaft, Vanilleextrakt und Eiswürfel in einem Hochleistungsmixer.
3. Mixe die Zutaten bei hoher Geschwindigkeit, bis sie vollständig glatt und gut vermischt sind. Dies sollte etwa 1-2 Minuten dauern.
4. **Abschmecken und Servieren:** Kosten Sie den Smoothie und fügen Sie bei Bedarf mehr Süßstoff hinzu. Mixen Sie erneut, wenn zusätzlicher Süßstoff hinzugefügt wird.
5. Gießen Sie den Smoothie in ein Glas und garnieren Sie ihn optional mit ein paar frischen Himbeeren oder Minzblättern auf der Oberseite.
6. **Genießen**: Servieren Sie den Smoothie sofort, während er noch kühl und frisch ist.
7. **Tipp**: Für zusätzliche Proteine können Sie auch einen Löffel Ihres bevorzugten veganen Proteinpulvers hinzufügen. Für eine zusätzliche Geschmackstiefe können Sie ein wenig Zimt hinzufügen. Für eine grüne Note fügen Sie eine Handvoll Spinat oder Grünkohl hinzu.

Overnight Oats mit Mango und Kokos

ZUBEREITUNGSDAUER: 5 MIN (MIT VORBEREITUNG AM VORABEND) - PORTIONEN: 2

Overnight Oats sind nicht nur ein zeitsparendes Frühstück, sondern auch eine nährstoffreiche Option, die in ihrer Zubereitung flexibel und vielfältig ist. Wussten Sie, dass Hafer eigentlich ein alter Heilnahrungsmittel ist, der in traditionellen Medizinsystemen zur Unterstützung der Haut und Verdauung verwendet wurde? Mango, oft als "König der Früchte" bezeichnet, hat nicht nur eine reiche kulinarische Geschichte, sondern auch eine tief verankerte Präsenz in der Mythologie und Kultur vieler Länder. Kokos, in seinen vielen Formen verwendet, bringt nicht nur tropische Vibes, sondern auch zahlreiche gesundheitliche Vorteile mit sich, darunter Herzgesundheit und antioxidative Eigenschaften.

Zutaten

1 Tasse Haferflocken (vorzugsweise kernige)
1 Tasse Kokosmilch
1 reife Mango
2 EL Chiasamen
2 EL Kokosflocken (ungesüßt)
2 EL Ahornsirup oder Agavendicksaft
1 TL Vanilleextrakt
Eine Prise Salz
Frische Minze oder Basilikum zum Garnieren (optional)

Zubereitung

Vorbereitung (am Vorabend):

1. Mango vorbereiten: Schälen Sie die Mango und schneiden Sie das Fruchtfleisch in kleine Würfel oder pürieren Sie es für eine glattere Textur.
2. Mischen der Hauptzutaten: Kombinieren Sie in einer mittelgroßen Schüssel Haferflocken, Kokosmilch, Chiasamen, Ahornsirup/Agavendicksaft, Vanilleextrakt und eine Prise Salz.
3. Fügen Sie die Mango (Würfel oder Püree) hinzu und rühren Sie gut um.
4. Übernacht einweichen lassen: Teilen Sie die Mischung in zwei luftdichte Behälter oder Gläser auf und lassen Sie sie über Nacht im Kühlschrank durchziehen.

Fertigstellen und Servieren:

1. Rühren und Toppings vorbereiten: Rühren Sie die Oats am Morgen um, und lockern Sie sie mit etwas zusätzlicher Kokosmilch auf, falls nötig.
2. Rösten Sie in der Zwischenzeit die Kokosflocken in einer trockenen Pfanne leicht an, bis sie goldbraun sind.
3. Servieren: Löffeln Sie die Oats in Schalen oder Gläser und garnieren Sie mit den gerösteten Kokosflocken.
4. Optional können Sie auch mit frischer Minze oder Basilikum für einen zusätzlichen Frischekick garnieren.

Quark mit Beeren

ZUBEREITUNGSDAUER: 15 MIN - PORTIONEN: 2

Quark in veganer Form ist eine cremige Delikatesse, die oft durch Tofu oder fermentierte Cashews zum Leben erweckt wird. Beeren sind nicht nur reich an Antioxidantien, sondern jede Beerenart bietet auch ihre eigene Palette an spezifischen gesundheitlichen Vorteilen, von Herzgesundheit bis hin zur Unterstützung der Hautelastizität. Interessanterweise schätzen Experten, dass es weltweit über 400 verschiedene Beerenarten gibt, obwohl nur eine Handvoll im täglichen Gebrauch verbreitet ist. In verschiedenen Kulturen symbolisieren Beeren oft Fülle und sind in mythologischen Erzählungen präsent.

Zutaten

200g Seidentofu (weicher Tofu)
3 EL Mandelmilch (oder eine andere Pflanzenmilch)
2 EL Ahornsirup oder Agavendicksaft
1 TL Vanilleextrakt
1 Zitrone (Saft und Abrieb)
1 Tasse gemischte Beeren (frisch oder gefroren)
2 EL Chiasamen
1 EL Zucker (optional)
Frische Minze zur Garnierung

Zubereitung

1. **Veganer Quark herstellen**: In einem Mixer oder mit einem Pürierstab, kombinieren Sie den Seidentofu, Mandelmilch, 1 EL Ahornsirup, Vanilleextrakt, und den Saft sowie den Abrieb einer Zitrone.
2. Mixen Sie alles, bis eine glatte, quarkähnliche Konsistenz erreicht ist.
3. Passen Sie die Süße nach Belieben an und stellen Sie die Mischung kühl.
4. **Beeren vorbereiten:** Wenn Sie frische Beeren verwenden, waschen Sie diese und lassen Sie sie abtropfen. Bei gefrorenen Beeren lassen Sie diese auftauen.
5. In einem kleinen Topf, kombinieren Sie die Beeren mit dem restlichen Ahornsirup. Lassen Sie sie bei mittlerer Hitze köcheln, bis sie anfangen, Saft freizusetzen.
6. Nehmen Sie den Topf vom Herd und mischen Sie die Chiasamen unter. Lassen Sie die Mischung für etwa 10 Minuten abkühlen, bis sie eindickt.
7. **Anrichten**: In Gläsern oder Schüsseln, schichten Sie den veganen Quark und die Beerenmischung abwechselnd übereinander.
8. Garnieren Sie mit frischer Minze oder weiteren frischen Beeren.
9. **Genießen**: Servieren Sie sofort oder stellen Sie es für später in den Kühlschrank. Der Quark kann auch über Nacht aufbewahrt werden.

Pikante Hummus-Stulle

ZUBEREITUNGSDAUER: 10 MIN - PORTIONEN: 2

Hummus, eine cremige Paste aus pürierten Kichererbsen, nimmt in der kulinarischen Welt eine besondere Position ein, indem sie Brücken zwischen verschiedenen Kulturen baut. Ursprünglich im Mittleren Osten beheimatet, hat sich Hummus global als vielseitiger und gesunder Bestandteil der modernen Küche etabliert. Interessanterweise wurde die älteste bekannte schriftliche Erwähnung von Hummus bereits im 13. Jahrhundert in Kairo dokumentiert. Kichererbsen, die Hauptzutat von Hummus, wurden bereits vor über 7.000 Jahren im Nahen Osten angebaut und geschätzt.

Zutaten

4 Scheiben Vollkornbrot
1 Tasse Hummus (fertig gekauft oder hausgemacht)
1 rote Paprika
1 kleine rote Zwiebel
1 Handvoll Rucola oder Spinat
1/2 Gurke
2 EL Olivenöl
1 EL Balsamico-Essig
1 TL Paprikapulver (süß oder geräuchert)
Salz und Pfeffer nach Geschmack
(Optional) Chili-Flocken für zusätzliche Schärfe
(Optional) 1 EL Sesamsamen

Zubereitung

1. **Gemüse vorbereiten**: Waschen Sie Paprika und Gurke. Schneiden Sie die Paprika in dünne Streifen und die Gurke in dünne Scheiben.
2. Schälen Sie die Zwiebel und schneiden Sie sie in dünne Ringe.
3. **Salatdressing zubereiten**: In einer kleinen Schüssel, mischen Sie Olivenöl, Balsamico-Essig, Salz und Pfeffer zusammen. Verquirlen Sie alles gut miteinander.
4. **Brot vorbereiten**: Toasten Sie das Vollkornbrot leicht in einem Toaster oder einer Pfanne bis es knusprig ist.
5. **Pikanten Hummus anrühren:** Mischen Sie Hummus mit Paprikapulver, und falls gewünscht, mit Chili-Flocken. Rühren Sie gut um, bis die Gewürze gleichmäßig verteilt sind.
6. **Stulle belegen:** Bestreichen Sie jede Scheibe Brot gleichmäßig mit dem pikanten Hummus.
7. Legen Sie Rucola, Paprika, Gurke und Zwiebelringe darauf.
8. Träufeln Sie das vorbereitete Salatdressing über das Gemüse.
9. **Servieren**: Sie können die Stulle offen servieren oder mit einer weiteren Scheibe Brot bedecken, um ein Sandwich zu machen.
10. **Tipp**: Sie können zusätzliche Beläge wie Avocado, gebratene Auberginen oder Kirschtomaten hinzufügen, um die Stulle weiter zu verfeinern. Für eine glutenfreie Variante verwenden Sie glutenfreies Brot.

Apfel-Zimt-Porridge

ZUBEREITUNGSDAUER: 20 MIN - PORTIONEN: 2

Apfel-Zimt-Porridge nimmt uns mit auf eine geschmackvolle Reise, die zugleich eine Anekdote antiker Heilkunst birgt. Wussten Sie, dass Zimt, eine der Hauptzutaten dieses köstlichen Frühstücks, einmal wertvoller als Gold war und sowohl im alten Ägypten als auch in China für seine medizinischen Eigenschaften geschätzt wurde? Äpfel, die in der Antike als Symbol für Liebe und Fruchtbarkeit standen, sind nicht nur lecker, sondern auch gesundheitsfördernd, da sie reich an Vitaminen und Antioxidantien sind. Porridge, auch Haferbrei genannt, hat in Schottland eine so lange Tradition, dass es dort sogar Weltmeisterschaften im Porridge-Kochen gibt.

Zutaten

1 Tasse Haferflocken
2 Tassen Mandelmilch (oder eine andere Pflanzenmilch)
1 großer Apfel
2 EL Ahornsirup (oder ein anderes Süßungsmittel)
1 TL Zimt
1/2 TL Muskatnuss (optional)
1 Prise Salz
2 EL Rosinen oder Cranberries (optional)
2 EL gehackte Nüsse (z.B. Walnüsse, Mandeln)
Frische Minze zur Dekoration (optional)

Zubereitung

1. **Apfel vorbereiten:** Waschen, entkernen und würfeln Sie den Apfel.
2. **Porridge kochen:** Geben Sie die Haferflocken, Mandelmilch, gewürfelten Apfel, Ahornsirup, Zimt, Muskatnuss und eine Prise Salz in einen mittelgroßen Topf.
3. Bringen Sie die Mischung bei mittlerer Hitze zum Köcheln und lassen Sie sie unter gelegentlichem Rühren für 10-15 Minuten köcheln, bis die Haferflocken und Äpfel weich sind.
4. **Verfeinern:** Fügen Sie Rosinen oder Cranberries und gehackte Nüsse hinzu und rühren Sie um.
5. **Servieren:** Verteilen Sie das Porridge auf zwei Schalen.
6. Träufeln Sie bei Bedarf noch etwas Ahornsirup darüber und bestreuen Sie es mit einer weiteren Prise Zimt.
7. Dekorieren Sie mit einigen frischen Minzblättern für eine erfrischende Note und servieren Sie warm.
8. **Tipp**: Für einen Extra-Crunch können Sie auch einige Granola oder gebratene Kokoschips darüber streuen. Sie können auch anderes Obst wie Birnen, Bananen oder Beeren verwenden, um Abwechslung in Ihr Frühstück zu bringen.

Pfannkuchen

ZUBEREITUNGSDAUER: 15 MIN - PORTIONEN: 2

Pfannkuchen, in manchen Kulturen auch als Crêpes oder Pancakes bekannt, haben eine beeindruckend lange Geschichte und wurden bereits in der Steinzeit zubereitet. Die ältesten Pfannkuchenfossilien sind über 30.000 Jahre alt und wurden in China gefunden! Während Pfannkuchen in den USA traditionell zum Frühstück gegessen werden, gelten sie in Frankreich und vielen anderen Ländern als Dessert. Interessanterweise hat jede Kultur ihre eigene Variante dieses beliebten Gerichts: von den dünnen französischen Crêpes bis hin zu den fluffigen amerikanischen Pancakes.

Zutaten

1 Tasse Mehl (Weizenmehl oder eine glutenfreie Alternative)
1,5 Tassen Pflanzenmilch (z.B. Soja-, Mandel- oder Hafermilch)
2 EL Apfelmus (als Ei-Ersatz)
2 EL Kokosöl (plus etwas mehr zum Braten)
2 EL Zucker (oder ein anderes Süßungsmittel)
1 Prise Salz
2 TL Backpulver
Optional: Vanilleextrakt, Zimt, Beeren, Bananenscheiben, Ahornsirup, etc. für Beilagen und Toppings

Zubereitung

1. **Teig vorbereiten**: In einer Schüssel Mehl, Zucker, Backpulver und Salz mischen.
2. In einer anderen Schüssel Pflanzenmilch, Apfelmus und Kokosöl vermengen.
3. Fügen Sie die feuchten Zutaten zu den trockenen hinzu und verrühren Sie alles zu einem glatten Teig. Vermeiden Sie Übermischen, einige Klümpchen sind in Ordnung.
4. **Pfannkuchen braten**: Erhitzen Sie etwas Kokosöl in einer Pfanne bei mittlerer Hitze.
5. Geben Sie etwa eine kleine Kelle des Teigs in die Pfanne und braten Sie den Pfannkuchen bis kleine Blasen auf der Oberfläche erscheinen (ca. 1-2 Minuten).
6. Wenden Sie den Pfannkuchen und braten Sie die andere Seite für weitere 1-2 Minuten bis sie goldbraun ist.
7. **Servieren**: Servieren Sie die Pfannkuchen mit Ihren bevorzugten Toppings wie frischen Beeren, Bananenscheiben, Ahornsirup, oder streuen Sie etwas Zimt darüber.
8. **Tipps**: Für eine extra Portion Protein können Sie auch 2 EL Proteinpulver Ihrer Wahl zum Teig hinzufügen. Für Beeren-Pfannkuchen können Sie frische oder gefrorene Beeren direkt in den Teig geben, bevor Sie ihn in die Pfanne geben.

Schoko-Brotaufstrich

ZUBEREITUNGSDAUER: 60 MIN - PORTIONEN: 2

Der Kakaobaum, von dem Schokolade stammt, hat seinen Ursprung in den Anden, wo die ältesten Spuren der Verwendung von Kakaoprodukten auf etwa 5300 Jahre zurück datiert sind. Interessanterweise war Kakao in den antiken Kulturen Mesoamerikas nicht nur Nahrung, sondern auch Währung und ein wichtiger Bestandteil von Riten. Während heute Schokolade als süße Köstlichkeit bekannt ist, wurde sie historisch in erster Linie als bitteres Getränk konsumiert.

Zutaten

200g dunkle Schokolade (vegan)
150g Haselnüsse
3 EL Ahornsirup oder Agavendicksaft
2 EL Kakaopulver (ungesüßt)
1 TL Vanilleextrakt
1 Prise Salz
4-5 EL Pflanzenmilch (z.B. Mandel- oder Haselnussmilch)

Zubereitung

Haselnüsse rösten und mahlen (kann auch am Vorabend erfolgen):

1. Backofen auf 180°C vorheizen.
2. Haselnüsse auf einem Backblech verteilen und für 8-10 Minuten rösten, bis sie leicht gebräunt und duftend sind.
3. Die Haselnüsse in ein sauberes Küchentuch geben und reiben, um so viel wie möglich von der Haut zu entfernen (etwas Haut kann zurückbleiben).
4. Die gerösteten Haselnüsse in einen leistungsstarken Mixer oder Food Processor geben und zu einer feinen Paste verarbeiten.
5. **Schokolade schmelzen:** Die Schokolade in kleinere Stücke brechen und über einem Wasserbad oder vorsichtig in der Mikrowelle schmelzen, dabei regelmäßig umrühren.
6. **Schoko-Mix herstellen**: Geschmolzene Schokolade, Ahornsirup, Kakaopulver, Vanilleextrakt und Salz zur Haselnusspaste hinzufügen.
7. Während der Mixer läuft, langsam die Pflanzenmilch hinzufügen, bis der Aufstrich die gewünschte Konsistenz erreicht hat (für einen dünneren Aufstrich einfach mehr Milch hinzufügen).
8. **Abkühlen lassen**: Den Aufstrich in ein sauberes Glas oder einen Behälter füllen und abkühlen lassen. Er wird beim Abkühlen noch etwas andicken.
9. **Tipp**: Für eine nussfreie Variante können Sie die Haselnüsse durch Sonnenblumenkerne ersetzen.

Tofu-Rührei mit Spinat

ZUBEREITUNGSDAUER: 15 MIN - PORTIONEN: 2

ofu, der in der westlichen Welt als "Bohnenquark" bekannt ist, hat seine Wurzeln im alten China, wobei seine Entstehung Legenden umgibt, einschließlich der Theorie, dass es versehentlich durch eine Pfefferpaste entdeckt wurde. Spannend ist, dass Tofu aufgrund seiner saugfähigen Natur in der Lage ist, die Aromen von Zutaten, mit denen er gekocht wird, gekonnt aufzunehmen, was ihn zu einem überraschend vielseitigen Hauptakteur in der kulinarischen Welt macht. Mit einer eindrucksvollen Proteinzufuhr und wenig gesättigten Fetten ist Tofu nicht nur für Veganer eine kluge Wahl, sondern für alle, die ihrer Ernährung eine gesunde Wendung geben möchten. Spinat, bereits von alten Persern kultiviert, fand über Nepal, China und schließlich auch ins mittelalterliche Europa seinen Weg.

Zutaten

200g fester Tofu
2 Handvoll frischer Spinat
1 mittelgroße Zwiebel
1 Knoblauchzehe
1/4 TL Kurkuma (für die gelbe Farbe)
1/2 TL Kala Namak (Schwarzsalz, für den „eierigen“ Geschmack)
2 EL Hefeflocken (optional, für einen käsigen Geschmack)
1 TL Senf
Salz und Pfeffer nach Geschmack
2 EL Pflanzenöl
Frische Kräuter (z.B. Schnittlauch oder Petersilie) zum Garnieren

Zubereitung

1. **Tofu vorbereiten**: Tofu gut abtropfen lassen und mit Küchenpapier trocken tupfen. Anschließend mit einer Gabel zerbröseln.
2. **Gemüse vorbereiten**: Zwiebel und Knoblauch fein hacken. Spinat waschen und grob hacken.
3. Anbraten: Pflanzenöl in einer Pfanne erhitzen und Zwiebel und Knoblauch darin andünsten, bis sie glasig sind.
4. Tofu hinzufügen und für ca. 5-7 Minuten anbraten, bis er leicht goldbraun ist.
5. **Würzen**: Kurkuma, Kala Namak, Hefeflocken und Senf zum Tofu hinzufügen und gut vermischen.
6. **Spinat hinzufügen:** Gehackten Spinat unterrühren und weiterbraten, bis der Spinat zusammenfällt.
7. **Abschmecken und Servieren**: Mit Salz und Pfeffer abschmecken und nach Bedarf anpassen.
8. Heiß servieren und mit frischen Kräutern garnieren.
9. **Hinweis**: Kala Namak, auch bekannt als Schwarzsalz, gibt dem Tofu-Rührei einen schwefeligen, „eierigen“ Geschmack und ist in asiatischen Supermärkten oder Online-Shops erhältlich.

Granola-Joghurt-Schichtbecher

ZUBEREITUNGSDAUER: 10 MIN - PORTIONEN: 2

Granola entstand in den USA des 19. Jahrhunderts und war ursprünglich eine Art zuckerfreier Keks, entwickelt von einem Arzt, der feste Überzeugungen über die gesundheitlichen Vorteile einer vegetarischen Diät und Vollkornprodukte hatte. Um die Wende des 20. Jahrhunderts wurde es zu einem süßen, knusprigen Frühstück, das wir heute kennen, weiterentwickelt. Paart man das knusprige Granola mit cremigem, pflanzlichen Joghurt, erforscht man eine Welt des Kontrasts zwischen Weich und Hart, Süß und Sauer. Dieses Schichtdessert, das sowohl Augen als auch Gaumen verzaubert, ist nicht nur visuell ansprechend, sondern auch eine Wohltat für die Geschmacksnerven, indem es eine Balance zwischen der Süße des Granolas und der leichten Säure des Joghurts findet.

Zutaten

1 Tasse veganes Granola
2 Tassen veganer Joghurt (z.B. Kokos-, Soja- oder Mandeljoghurt)
2 EL Ahornsirup oder Agavendicksaft (nach Geschmack anpassen)
1 TL Vanilleextrakt
1 Tasse frische Beeren (z.B. Erdbeeren, Blaubeeren oder Himbeeren)
2 EL gehackte Nüsse (z.B. Mandeln, Walnüsse)
Ein paar Minzblätter zur Dekoration (optional)

Zubereitung

1. **Vorbereiten der Beeren**: Waschen Sie die Beeren sorgfältig und lassen Sie sie abtropfen oder trocknen Sie sie vorsichtig ab. Bei größeren Beeren wie Erdbeeren, halbieren oder vierteln Sie diese.
2. **Joghurtmischung**: In einer kleinen Schüssel veganen Joghurt, Ahornsirup (oder Agavendicksaft) und Vanilleextrakt vermengen und beiseite stellen.
3. **Schichten**: Beginnen Sie mit einer Schicht Granola auf dem Boden eines Glases oder einer Schale.
4. Fügen Sie eine Schicht der Joghurtmischung hinzu, gefolgt von einer Schicht Beeren.
5. Wiederholen Sie den Vorgang, bis alle Zutaten aufgebraucht sind, und versuchen Sie, mit einer Schicht Beeren zu enden.
6. **Toppings**: Bestreuen Sie das Dessert mit gehackten Nüssen und garnieren Sie es mit einem Minzblatt.
7. **Servieren**: Genießen Sie das Granola-Joghurt-Schichtdessert sofort, oder lassen Sie es für 1-2 Stunden im Kühlschrank durchziehen, um die Aromen zu intensivieren.

Avocado-Toast mit buntem Gemüse

ZUBEREITUNGSDAUER: 15 MIN - PORTIONEN: 2

Avocados, die oft als „Alligatorbirnen" bezeichnet werden, sind botanisch gesehen Beeren und waren bereits vor der Kolonisierung ein Grundnahrungsmittel der Azteken. Überraschenderweise tragen Avocadobäume nur alle zwei Jahre Früchte und trotzdem beliefern sie uns konstant, da sie in verschiedenen Regionen angebaut werden. Der Trend des Avocado-Toasts, der seine Popularität in den 2010ern erlangte, hat mehr als nur den Instagram-Feed erobert; er hat eine jahrhundertealte Frucht in das kulinarische Rampenlicht des 21. Jahrhunderts katapultiert. Mit dem Zusatz von buntem Gemüse nicht nur ein Fest für die Augen, sondern auch eine Exkursion in die Welt der komplexen Geschmacksnuancen

Zutaten

2 reife Avocado
2 Scheiben Vollkornbrot oder anderes Brot Ihrer Wahl
1 Handvoll Kirschtomaten
10 Radieschen
1 Handvoll Sprossen Ihrer Wahl
1 TL Zitronensaft
Salz, Pfeffer und Chiliflocken nach Geschmack
Optional: 1 TL Sesamsamen und 1 TL Leinsamen
Olivenöl (zum Beträufeln)

Zubereitung

1. **Vorbereitung des Gemüses:** das Gemüse waschen und in dünne Scheiben bzw. Ringe schneiden.
2. **Brot vorbereiten**: Toasten Sie das Vollkornbrot leicht in einem Toaster oder einer Pfanne bis es knusprig ist.
3. **Avocadocreme zubereiten:** Das Avocadofruchtfleisch in einer Schüssel mit einer Gabel zerdrücken.
4. Mit Zitronensaft, Salz und Pfeffer abschmecken.
5. **Anrichten des Toasts:** Streichen Sie die Avocadocreme großzügig auf die getoasteten Brotscheiben.
6. Belegen Sie den Avocado-Toast nun mit dem Gemüse und den Sprossen.
7. Mit etwas Olivenöl beträufeln und nach Wunsch mit Salz, Pfeffer und Chiliflocken würzen.
8. **Servieren:** Den Avocado-Toast auf einem Teller anrichten und optional mit Sesam- und Leinsamen bestreuen.
9. Sofort servieren und genießen.
10. **Tipp**: Fügen Sie für einen zusätzlichen Geschmackskick etwas frischen Knoblauch zur Avocadocreme hinzu. Erwägen Sie auch die Zugabe von Nüssen oder Samen für eine zusätzliche Textur und Nährstoffe.

Chia-Pudding mit Kiwi

ZUBEREITUNGSDAUER: 20 MIN - PORTIONEN: 2

Chia-Samen, kleine Kraftpakete der Ernährung, wurden von den Azteken geschätzt und waren einst sogar eine Währung; ihre Fähigkeit, das 12-fache ihres Gewichts an Flüssigkeit aufzunehmen, macht sie zu einem beeindruckenden Verdickungsmittel in unserem Pudding. Auf der anderen Seite, die Kiwi, mit ihren chinesischen Wurzeln, wurde erst im 20. Jahrhundert populär in der westlichen Welt und erhielt ihren heutigen Namen erst in den 1950er Jahren in Neuseeland, inspiriert vom flauschigen nationalen Vogelsymbol. In diesem Rezept vereinen wir das Antike mit dem Modernen, das Ferne mit dem Nahen, um eine Speise zu kreieren, die zeitlos köstlich ist.

Zutaten

4 EL Chiasamen
400 ml Mandelmilch (oder eine andere pflanzliche Milch nach Wahl)
2 EL Ahornsirup oder Agavendicksaft
1 TL Vanilleextrakt
2 reife Kiwis
Optional: gehackte Nüsse oder Kokosflocken zur Dekoration

Zubereitung

1. **Chia-Pudding vorbereiten**: Mandelmilch, Ahornsirup und Vanilleextrakt in einer mittelgroßen Schüssel verquirlen.
2. Chiasamen hinzufügen und gut umrühren.
3. Lassen Sie die Mischung für etwa 15 Minuten stehen, und rühren Sie gelegentlich um, damit keine Klumpen entstehen und die Chiasamen gleichmäßig quellen können. Alternativ können Sie die Mischung auch über Nacht im Kühlschrank quellen lassen.
4. **Kiwi vorbereiten:** Die Kiwis schälen und in Scheiben oder Würfel schneiden.
5. **Chia-Pudding anrichten:** Den gequollenen Chia-Pudding auf zwei Gläser oder Schüsseln verteilen.
6. Kiwi-Stücke darauf geben.
7. **Dekorieren und servieren**: Optional: Mit gehackten Nüssen oder Kokosflocken garnieren.
8. Sofort servieren oder im Kühlschrank aufbewahren bis es konsumiert wird.
9. **Tipp**: Sie können den Chia-Pudding mit weiteren Früchten, Nüssen oder Samen nach Belieben variieren. Um eine zusätzliche Geschmacksebene zu schaffen, können Sie auch etwas Zimt oder Muskat zum Chia-Pudding hinzufügen.

Hauptmahlzeiten

Kichererbsen-Avocado-Salat

Wok-Thai-Gemüse

Avocado-Pesto-Pasta

Kokos-Linsen-Suppe

Falafel-Salat

Pilz-Risotto

Quinoa und schwarze Bohnen-Salat

Süßkartoffel- und Kichererbsen-Buddha-Bowl

Spinat- und Tomaten-Frittata

Seitan-Nudeln-Salat

Pesto-Pasta mit Kirschtomaten und Erbsen

Asiatischer Tofu-Salat

Linsen-Tomaten-Curry

Pilz-Stroganoff

Spaghetti Aglio e Olio mit Spinat

Gegrillte Polenta mit Ratatouille

Tempeh-Stir-Fry

Couscous und Gemüse-Medley

Kürbis-Risotto

Zitronen-Knoblauch-Kichererbsen mit Reis

Gefüllte Paprika

Nudeln mit Brokkoli und Pilzen

Chili mit Bohnen

Bulgur-Salat mit Schwarzen Bohnen

Nudeln mit Tofu und Teriyaki-Sauce

Seitan-Stroganoff mit Süßkartoffelbrei

Gemüse-Curry mit Nudeln

Seitan-Kartoffelsalat

Kichererbsen-Avocado-Salat

ZUBEREITUNGSDAUER: 15 MIN - PORTIONEN: 2

Die bescheidene Kichererbse, auch als Garbanzo-Bohne bekannt, kann ihre Wurzeln bis ins antike Mittelmeer und den Nahen Osten zurückverfolgen und war ein fester Bestandteil der Ernährung in diesen Regionen. Avocados hingegen, mit ihrer samtig-cremigen Textur, stammen ursprünglich aus Südmexiko und waren bereits vor der Ankunft der Europäer in verschiedenen Kulturen des amerikanischen Kontinents bekannt. Kombiniert in unserem Kichererbsen-Avocado-Salat, schaffen diese beiden Zutaten eine Fusion aus Nährstoffreichtum und satten Aromen, die zwei Kontinente verbindet.

Zutaten

1 Dose Kichererbsen (ca. 400 g), abgetropft und abgespült
1 reife Avocado
1 kleine rote Zwiebel
1 rote Paprika
1 Handvoll Kirschtomaten
Eine Handvoll frischer Koriander
Saft einer Limette
2 EL Olivenöl
Salz und Pfeffer nach Geschmack
Optional: 1 TL Chiliflocken für eine pikante Note

Zubereitung

1. **Vorbereiten der Zutaten**: Avocado halbieren, Kern entfernen und das Fruchtfleisch in Würfel schneiden.
2. Zwiebel, Paprika und Tomaten klein schneiden. Koriander hacken.
3. **Kichererbsen-Salat mischen**: Kichererbsen, Avocado, Zwiebel, Paprika und Koriander in einer großen Schüssel vermengen.
4. **Dressing zubereiten**: Limettensaft, Olivenöl, Salz und Pfeffer (und optional Chiliflocken) in einer kleinen Schüssel verquirlen.
5. **Salat anmachen:** Das Dressing über den Salat gießen und alles gut vermischen.
6. Den Salat kurz ziehen lassen, sodass die Aromen sich entfalten können.
7. **Servieren**: Den Salat in Schüsseln anrichten und als leichte Mahlzeit oder Beilage genießen.

Wok-Thai-Gemüse

ZUBEREITUNGSDAUER: 15 MIN - PORTIONEN: 2

Der Wok, mit seiner charakteristischen halbkugelförmigen Form, ist ein fundamentales Kochgerät in der asiatischen Küche und lässt sich bis in die Han-Dynastie Chinas zurückverfolgen. Die Thai-Küche, bekannt für ihre brillante Balance von süßen, sauren, salzigen und scharfen Aromen, nutzt eine Vielzahl von Früchten und Gemüsen, um ihre unverwechselbaren, lebendigen Geschmacksprofile zu schaffen. Interessanterweise ist eines der Schlüsselgewürze der Thai-Küche, die Chilischote, ursprünglich nicht aus Asien, sondern wurde im 16. Jahrhundert durch portugiesische Händler eingeführt.

Zutaten

200 g Tofu, in Würfel geschnitten
2 EL Sojasauce
1 EL Ahornsirup oder Agavendicksaft
1 TL frischer Ingwer, gerieben
2 Knoblauchzehen, fein gehackt
1 rote Paprika, in Streifen geschnitten
1 Karotte, in feine Streifen oder Spiralen geschnitten
100 g Zuckerschoten oder grüne Bohnen, halbiert
1 kleine Zucchini, in Halbmonde geschnitten
2 Frühlingszwiebeln, in Ringe geschnitten
1 rote Chilischote, fein gehackt (optional)
200 ml Kokosmilch
2 TL Currypaste (grün oder rot)
Frischer Koriander zum Garnieren
Öl zum Braten
Optional: Limettenspalten und Reis zum Servieren

Zubereitung

1. **Tofu anbraten**: Tofu in etwas Öl knusprig anbraten, herausnehmen und beiseitestellen.
2. **Gemüse anbraten**: In der gleichen Pfanne, fügen Sie ggf. etwas mehr Öl hinzu und braten Sie den Knoblauch, Ingwer, und optional die Chilischote für etwa 1 Minute an.
3. Geben Sie Paprika, Karotte, Zuckerschoten und Zucchini dazu und braten Sie diese für ca. 5 Minuten, bis sie leicht gebräunt und leicht angegart sind.
4. **Sauce anrühren**: In einer kleinen Schüssel, Sojasauce und Ahornsirup vermischen und zur Seite stellen.
5. Currypaste in das Gemüse einrühren und kurz anbraten, dann mit Kokosmilch ablöschen.
6. **Tofu und Sauce hinzufügen**: Gebratenen Tofu und die Sojasauce-Mischung zum Gemüse in die Pfanne geben.
7. Alles gut vermengen und 2-3 Minuten köcheln lassen.
8. **Servieren**: Den Thai-Gemüse-Wok mit frischem Koriander bestreuen und mit Reis servieren.
9. Optional können Sie auch Limettenspalten zur Verfügung stellen, um das Gericht vor dem Essen mit etwas Frische zu verfeinern.

Avocado-Pesto-Pasta

ZUBEREITUNGSDAUER: 20 MIN - PORTIONEN: 2

Die Avocado, die dieses Pesto so köstlich cremig macht, wurde von den Azteken "ahuacatl" genannt, was übersetzt "Hoden" bedeutet, und wurde in der vorspanischen Ära nicht nur als Nahrung, sondern auch als Aphrodisiakum geschätzt. Während Pasta weltweit mit der italienischen Küche assoziiert wird, stammen die ersten bekannten Nudelproduktionen tatsächlich aus dem China des 4. Jahrhunderts v. Chr. Das Wort "Pesto" leitet sich vom italienischen Wort "pestare" ab, was "zerstoßen" bedeutet - eine Anspielung auf die traditionelle Herstellung, bei der die Zutaten im Mörser zerkleinert werden.

Zutaten

200g Pasta (z.B. Spaghetti oder Penne)
1 reife Avocado
1 Handvoll frisches Basilikum
2 Knoblauchzehen
Saft einer Zitrone
3 EL Olivenöl
2 EL Pinienkerne
Salz und Pfeffer nach Geschmack
Optional: Cherrytomaten, geröstete Pinienkerne oder frische Kräuter für die Deko

Zubereitung

1. **Pasta Kochen**: Kochen Sie die Pasta nach Packungsanleitung bis sie al dente ist.
2. Reservieren Sie 1 Tasse des Nudelwassers und gießen Sie die Pasta ab.
3. **Avocado-Pesto Zubereiten**: Während die Pasta kocht, halbieren Sie die Avocado, entfernen den Kern und löffeln Sie das Fruchtfleisch in einen Mixer oder eine Küchenmaschine.
4. Fügen Sie Basilikum, Knoblauch, Zitronensaft, Olivenöl und Pinienkerne hinzu.
5. Mixen Sie alles zu einem glatten Pesto. Schmecken Sie es mit Salz und Pfeffer ab und passen Sie es nach Belieben an.
6. **Pasta Finalisieren**: Vermengen Sie das Avocado-Pesto mit den abgetropften Nudeln. Fügen Sie nach Bedarf etwas vom reservierten Nudelwasser hinzu, um die Pasta schön cremig zu machen.
7. Falls gewünscht, mischen Sie geschnittene Cherrytomaten unter die Pasta und garnieren Sie mit extra Basilikum oder anderen frischen Kräutern sowie gerösteten Pinienkernen.
8. **Servieren**: Teilen Sie die Pasta auf die Teller auf und servieren Sie sofort, garniert mit Ihren bevorzugten Toppings.

Kokos-Linsen-Suppe

ZUBEREITUNGSDAUER: 15 MIN - PORTIONEN: 2

Die Kokos-Linsen-Suppe verbindet das sanfte Aroma der Kokosmilch mit der nahrhaften Kraft der roten Linsen, um ein Gericht zu kreieren, das nicht nur wohltuend, sondern auch unglaublich gesund ist. Interessanterweise werden rote Linsen, die eigentlich orange sind, beim Kochen zu einer herrlich goldenen Köstlichkeit und sind bekannt für ihre schnelle Garzeit und ihre Fähigkeit, zu einer herrlich cremigen Konsistenz zu zerfallen. Die Verwendung von Kokosmilch ist nicht nur eine vegane Alternative, sondern bringt auch eine leichte Süße und Cremigkeit in die Suppe, die besonders in der thailändischen Küche geschätzt wird.

Zutaten

200g rote oder gelbe Linsen
400ml Kokosmilch
1 Zwiebel, gewürfelt
2 Knoblauchzehen, gehackt
1 Stück Ingwer (ca. 2 cm), fein gerieben
1 TL Kurkuma
1 TL Kreuzkümmel
1/2 TL Chiliflocken (optional)
800ml Gemüsebrühe
2 EL Kokosöl
Salz und Pfeffer nach Geschmack
Frischer Koriander zum Garnieren
1 Limette, in Spalten geschnitten

Zubereitung

1. **Linsen vorbereiten:** Die Linsen in einem Sieb abspülen, bis das Wasser klar ist.
2. **Gemüse anschwitzen**: Das Kokosöl in einem großen Topf erhitzen und die Zwiebel, den Knoblauch und den Ingwer darin für etwa 3 Minuten anbraten, bis die Zwiebel glasig ist.
3. **Gewürze hinzufügen**: Kurkuma, Kreuzkümmel und Chiliflocken in den Topf geben und für etwa 1 Minute rösten, bis die Gewürze duften.
4. **Linsen kochen**: Die abgespülten Linsen in den Topf geben, mit der Gemüsebrühe aufgießen und zum Kochen bringen. Dann die Hitze reduzieren und die Linsen etwa 10 Minuten köcheln lassen.
5. **Kokosmilch hinzufügen:** Die Kokosmilch in den Topf geben, gut umrühren und weitere 7-10 Minuten köcheln lassen, bis die Linsen weich sind.
6. **Abschmecken**: Mit Salz und Pfeffer abschmecken.
7. **Servieren**: Die Suppe in Schalen füllen, mit frischem Koriander garnieren und mit einer Limettenspalte servieren.

Falafel-Salat

ZUBEREITUNGSDAUER: 20 MIN - PORTIONEN: 2

Der Falafel-Salat verbindet die knusprige Würze von traditionellen orientalischen Kichererbsenbällchen mit der Frische eines bunten Gartensalats. Während Falafel oft mit der Nahost-Küche assoziiert wird, streiten sich tatsächlich Ägypten, Palästina und Israel um den Ursprung dieses beliebten Straßenessens. Spannend ist, dass die ursprüngliche Falafel möglicherweise aus Favabohnen hergestellt wurde, insbesondere in Ägypten. Der Salat bietet eine leichte, nahrhafte Basis und ist dank seiner simplen Zubereitung und der Mischung aus rohem Gemüse und Kräutern nicht nur ein Gaumenschmaus, sondern auch ein Vitalstofflieferant

Zutaten

Falafel

400g Kichererbsen aus der Dose, abgetropft und abgespült
1 Zwiebel, fein gehackt
2 Knoblauchzehen, zerdrückt
2 TL Kreuzkümmel, gemahlen
2 TL Koriander, gemahlen
2 EL Mehl
2 EL Olivenöl
Salz und Pfeffer nach Geschmack

Salat

1 Salat, gewaschen und gezupft
1 Gurke, gewürfelt
2 Tomaten, gewürfelt
1 rote Paprika, gewürfelt
1 Bund Frühlingszwiebeln, geschnitten
1 Bund frischer Koriander, gehackt
1 Bund frische Petersilie, gehackt

Dressing

3 EL Tahini
1 Zitrone, Saft und Abrieb
1-2 Knoblauchzehen, zerdrückt
Salz und Pfeffer nach Geschmack
Wasser nach Bedarf
Olivenöl zum Verfeinern (optional)

Zubereitung

1. **Falafel zubereiten**: Kichererbsen, Zwiebel, Knoblauch, Kreuzkümmel, Koriander, Mehl, Salz und Pfeffer in einen Mixer geben und zu einer groben Masse pürieren. Kleine Bällchen formen und in heißem Olivenöl ca. 3-4 Minuten pro Seite goldbraun braten.
2. **Salat zubereiten**: Alle Gemüsezutaten und Kräuter in einer großen Schüssel mischen.
3. **Dressing zubereiten**: Tahini, Zitronensaft und -abrieb, Knoblauch, Salz und Pfeffer vermischen. Nach Bedarf Wasser hinzufügen, bis die gewünschte Konsistenz erreicht ist. Für eine reichhaltigere Note, ein wenig Olivenöl einrühren.
4. **Servieren**: Die Falafel auf dem Salat verteilen und das Dressing darüber träufeln. Nach Wunsch mit frischen Kräutern, Sesam oder Sumach bestreuen und servieren.

Pilz-Risotto

ZUBEREITUNGSDAUER: 20 MIN - PORTIONEN: 2

Dieses vegane Pilz-Risotto integriert die erdigen Aromen verschiedener Pilzsorten nicht nur als Geschmacksträger, sondern auch als nährstoffreiche Komponente. Risotto, ursprünglich aus Norditalien stammend, bietet durch seine sahnige Konsistenz, die übrigens ganz ohne Sahne entsteht, eine kulinarische Reise und ist ein Beispiel für italienische Kochkunst.

Zutaten

1 Tasse Risotto-Reis
2 Tassen Pilze (z.B. Champignons, Steinpilze oder Shiitake), geschnitten
1 kleine Zwiebel, gewürfelt
2 Knoblauchzehen, fein gehackt
3 Tassen Gemüsebrühe
1 Tasse Weißwein (optional)
2 EL Olivenöl
1 TL Thymian (frisch oder getrocknet)
Salz und Pfeffer nach Geschmack
2 EL Hefeflocken (optional, für einen käseähnlichen Geschmack)
Frische Petersilie, zum Garnieren

Zubereitung

1. **Pilze anbraten**: In einer Pfanne 1 EL Olivenöl erhitzen und die Pilze 5 Minuten lang anbraten, bis sie goldbraun und aromatisch sind. Aus der Pfanne nehmen und beiseite stellen.
2. **Reis vorbereiten**: Im selben Topf das restliche Olivenöl hinzufügen und Zwiebeln sowie Knoblauch 2 Minuten dünsten, bis sie weich sind. Den Reis hinzufügen und unter ständigem Rühren 2 Minuten anbraten.
3. Wein hinzufügen: (falls verwendet) Den Weißwein hinzufügen und rühren, bis er fast vollständig absorbiert ist.
4. **Kochen**: Nun nach und nach die Gemüsebrühe hinzufügen. Immer etwa eine halbe Tasse Brühe hinzufügen und ständig rühren, bis die Flüssigkeit fast vollständig absorbiert ist, bevor die nächste Portion hinzugefügt wird. Dies sollte etwa 18-20 Minuten dauern.
5. **Würzen**: Sobald der Reis gar ist, Thymian und Hefeflocken unterrühren. Mit Salz und Pfeffer abschmecken.
6. **Servieren**: Das Pilz-Risotto auf Teller verteilen und die Pilze dazugeben, mit frischer Petersilie garnieren und sofort servieren.

Quinoa und schwarze Bohnen-Salat

ZUBEREITUNGSDAUER: 20 MIN - PORTIONEN: 2-3

Der Quinoa und Schwarze Bohnen-Salat ist nicht nur eine kulinarische Freude, sondern auch eine nährstoffreiche Wahl, die den Körper und Geist belebt. Interessanterweise wurde Quinoa von der NASA als „ideales Lebensmittel für zukünftige Langzeit-Weltraumflüge" gelobt, aufgrund seiner umfassenden Nährstoffdichte und leichter Verdaulichkeit. Die schwarzen Bohnen, ein Kraftpaket für Ballaststoffe und Proteine, waren ein Grundnahrungsmittel der alten Azteken und Inkas, die sie „die Nahrung der Armen" nannten, trotz ihrer reichen Nährstoffvielfalt.

Zutaten

1 Tasse Quinoa
1 Dose schwarze Bohnen, abgespült und abgetropft
1 rote Paprika, gewürfelt
1 gelbe Paprika, gewürfelt
1 kleine rote Zwiebel, fein gehackt
1 kleine Gurke, gewürfelt
1 Handvoll Koriander, gehackt
1 Limette, Saft und Abrieb
2 EL Olivenöl
Salz und Pfeffer nach Geschmack
Optional: 1 Avocado, gewürfelt
Optional: 1 TL Kreuzkümmel

Zubereitung

1. **Quinoa kochen**: Spülen Sie die Quinoa unter fließendem Wasser ab und kochen Sie sie gemäß den Anweisungen auf der Verpackung. Lassen Sie die Quinoa nach dem Kochen etwa 5 Minuten lang abkühlen.
2. **Gemüse vorbereiten**: Während die Quinoa kocht, bereiten Sie das Gemüse vor. Würfeln Sie Paprika, Zwiebel, und Gurke und hacken Sie den Koriander. Falls verwendet, würfeln Sie auch die Avocado.
3. **Bohnen vorbereiten**: Spülen Sie die schwarzen Bohnen gründlich ab, um überschüssige Salze und Konservierungsstoffe zu entfernen.
4. **Dressing zubereiten**: In einer kleinen Schüssel den Saft und den Abrieb einer Limette mit Olivenöl, Salz, Pfeffer und optional Kreuzkümmel verquirlen.
5. **Salat mischen**: In einer großen Schüssel, mischen Sie die gekochte Quinoa, schwarzen Bohnen, vorbereitetes Gemüse, Koriander und das Dressing. Gut umrühren, damit sich alles gleichmäßig vermischt.
6. Lassen Sie den Salat vor dem Servieren mindestens 15 Minuten im Kühlschrank ziehen, damit die Aromen sich verbinden können.
7. **Servieren**: Den Salat auf Teller verteilen und nach Belieben mit Avocadowürfeln garnieren.

Süßkartoffel- und Kichererbsen-Buddha-Bowl

ZUBEREITUNGSDAUER: 20 MIN - PORTIONEN: 1

Die Süßkartoffel- und Kichererbsen-Buddha-Bowl bringt nicht nur Farbe und Vitalität auf Ihren Teller, sondern versorgt Sie auch mit einer Fülle von Nährstoffen. Wussten Sie, dass Süßkartoffeln Beta-Carotin enthalten, welches in unserem Körper in Vitamin A umgewandelt wird und für gesunde Haut, unser Immunsystem und gute Augen gesundheit unerlässlich ist? Auch Kichererbsen sind kleine Nährstoffwunder, die reich an Protein und Ballaststoffen sind und dabei helfen können, den Cholesterinspiegel zu regulieren. Quinoa, oft als "Gold der Inkas" bezeichnet, ist tatsächlich kein Getreide, sondern ein sogenanntes Pseudogetreide und punktet mit allen neun essentiellen Aminosäuren.

Zutaten

Buddha Bowl:
1 mittelgroße Süßkartoffel, gewürfelt
1 Dose Kichererbsen (ca. 400 g), abgespült und abgetropft
1 Tasse Quinoa
2 Tassen Baby-Spinat
1 Tasse frischer Rotkohl, in dünne Streifen geschnitten
1 Avocado, in Scheiben oder Würfel geschnitten
1 Karotte, Streifen geschnitten
2 Esslöffel Olivenöl
Salz, Pfeffer, Paprikapulver zum Würzen
Sesamsamen zum Garnieren (optional)
Dressing:
3 Esslöffel Tahini
1 Esslöffel Agavendicksaft oder Ahornsirup
1 Knoblauchzehe, gepresst
2 Esslöffel Zitronensaft
Wasser nach Bedarf
Salz und Pfeffer nach Geschmack

Zubereitung

1. **Quinoa kochen**: Quinoa nach Packungsanleitung in einem Topf kochen und beiseitestellen.
2. **Gemüse vorbereiten**: Süßkartoffelwürfel, Kichererbsen und Karotte mit Olivenöl, Salz, Pfeffer und Paprikapulver vermengen und auf einem Backblech verteilen. Bei 200 Grad Celsius im vorgeheizten Ofen ca. 15 Minuten rösten, bis sie goldbraun und knusprig sind.
3. **Dressing zubereiten**: Alle Zutaten für das Dressing in einer kleinen Schüssel verquirlen und mit Salz und Pfeffer abschmecken. Fügen Sie bei Bedarf Wasser hinzu, um die gewünschte Konsistenz zu erreichen.
4. **Bowl anrichten:** Gekochten Quinoa, geröstete Süßkartoffel, Karotte und Kichererbsen, Spinat, Rotkohl, Avocado in Bowls anrichten.
5. **Servieren**: Das Tahini-Dressing über die Bowls träufeln und nach Wunsch mit Sesamsamen garnieren. Servieren und genießen!
6. **Tipp**: Fügen Sie Nüsse oder Samen wie Kürbiskerne für zusätzliche Textur und Nährstoffe hinzu. Die Bowls können nach Belieben mit weiterem Gemüse, Tofu oder Tempeh variiert werden.

Spinat- und Tomaten-Frittata

ZUBEREITUNGSDAUER: 20 MIN - PORTIONEN: 2

Die Ursprünge der Frittata, die den Anschein eines üppigen, offenen Omeletts hat, lassen sich bis ins antike Rom zurückverfolgen, wo Reste von gekochten Mahlzeiten mit geschlagenen Eiern gemischt und genossen wurden. Unsere vegane Version des Gerichts verzichtet auf Eier und nutzt stattdessen Kichererbsenmehl, welches nicht nur einen hohen Proteingehalt hat, sondern auch reich an Ballaststoffen ist. Das Gericht ist nicht nur ein buntes, gesundes Mahl, sondern erweist sich auch als hervorragende Möglichkeit, verschiedenes Gemüse zu integrieren und spielerisch mit Aromen und Texturen zu experimentieren.

Zutaten

150 g Kichererbsenmehl
2 EL Hefeflocken
1 TL Kurkuma
1 TL Backpulver
1 TL Salz
1/2 TL schwarzer Pfeffer
350 ml Wasser
2 EL Olivenöl
1 Zwiebel, fein gewürfelt
2 Knoblauchzehen, gehackt
150 g frischer Spinat
1 Hanfvoll Kirschtomaten, halbiert
1 rote Paprika, gewürfelt
Frische Kräuter nach Wahl

Zubereitung

1. **Backofen vorheizen**
2. **Vorbereiten des Teigs**: In einer Schüssel Kichererbsenmehl, Hefeflocken, Kurkuma, Backpulver, Salz und Pfeffer vermischen.
3. Wasser hinzufügen und gut umrühren, bis eine glatte Masse entsteht. Etwa 10 Minuten quellen lassen.
4. **Gemüse vorbereiten:** Während der Teig quillt, Zwiebel und Knoblauch schälen und fein würfeln.
5. Spinat waschen und abtropfen lassen. Tomaten und Paprika waschen und in Scheiben bzw. Würfel schneiden.
6. **Gemüse anbraten**: In einer ofenfesten Pfanne 1 EL Olivenöl erhitzen und Zwiebel sowie Knoblauch darin anbraten, bis sie glasig sind.
7. Spinat, Tomatenscheiben und Paprika hinzufügen und weitere 3-4 Minuten braten. Alles aus der Pfanne nehmen und beiseite stellen.
8. **Frittata zubereiten**: Die restlichen 1 EL Olivenöl in der Pfanne erhitzen und die Gemüsemischung gleichmäßig in der Pfanne verteilen.
9. Den vorbereiteten Teig langsam und gleichmäßig über das Gemüse gießen.
10. Die Pfanne in den vorgeheizten Backofen stellen und für etwa 10 Minuten backen, bis alles goldbraun ist.
11. **Servieren**: Die Frittata kurz abkühlen lassen, dann mit frischen Kräutern bestreuen.

Seitan-Nudeln-Salat

ZUBEREITUNGSDAUER: 15 MIN - PORTIONEN: 2

Der Seitan-Nudelsalat ist ein faszinierendes Zusammenspiel aus Ost trifft West. Seitan, ein aus Weizengluten hergestelltes Protein, hat in Asien eine jahrhundertealte Tradition und wird oft als „Weizenfleisch“ bezeichnet. Kombiniert mit Nudeln, die ihren Ursprung sowohl in Asien als auch in Europa haben, entsteht ein kulinarischer Brückenschlag. Wussten Sie, dass die ältesten Nudeln, die jemals entdeckt wurden, über 4000 Jahre alt sind und in China gefunden wurden? Dieser Salat verbindet diese alten kulinarischen Traditionen mit modernen, frischen Zutaten und Aromen, um ein schnelles und nahrhaftes veganes Gericht zu bieten.

Zutaten

200 g Seitan, in Streifen geschnitten
200 g Nudeln nach Wahl
1 rote Paprika, in Streifen geschnitten
1 Karotte, julienne geschnitten oder gerieben
1 Zucchini, in Halbmonde geschnitten
1 Handvoll frischer Koriander, gehackt
3 EL Sojasauce
2 EL Agavendicksaft oder Ahornsirup
2 EL Sesamöl
2 TL Chili-Flakes (optional, für zusätzliche Schärfe)
2 Knoblauchzehen, gehackt
1 Stück Ingwer (ca. 2 cm), gerieben
Saft einer Limette
2 EL Erdnüsse, grob gehackt (optional, als Topping)
Salz und Pfeffer nach Geschmack

Zubereitung

1. **Nudeln kochen**: Nudeln nach Packungsanleitung in gesalzenem Wasser bis zur gewünschten Bissfestigkeit kochen.
2. Abgießen und mit kaltem Wasser abschrecken, um den Garprozess zu stoppen. Beiseite stellen.
3. **Seitan zubereiten**: Das Sesamöl in einer Pfanne auf mittlerer Hitze erwärmen.
4. Seitanstreifen darin 5-7 Minuten anbraten, bis sie goldbraun und knusprig sind. Beiseite stellen.
5. **Gemüse vorbereiten**: Während die Nudeln und Seiten kochen, das Gemüse vorbereiten und in eine große Salatschüssel geben.
6. **Dressing zubereiten**: In einer kleinen Schüssel Sojasauce, Agavendicksaft, gehackten Knoblauch, geriebenen Ingwer, Limettensaft und Chili-Flakes vermengen.
7. Mit Salz und Pfeffer abschmecken.
8. **Salat zusammenstellen**: Die gekochten Nudeln, angebratenen Seitanstreifen und das Dressing zum Gemüse in die Schüssel geben.
9. Alles gut vermengen und sicherstellen, dass alle Zutaten gut mit dem Dressing überzogen sind.
10. **Servieren**: Den Salat auf Teller verteilen, mit frischem Koriander und optional gehackten Erdnüssen bestreuen.

Pesto-Pasta mit Kirschtomaten und Erbsen

ZUBEREITUNGSDAUER: 15 MIN - PORTIONEN: 2

Die Kombination aus Pesto, Pasta und Kirschtomaten ist nicht nur ein kulinarischer Klassiker, sondern birgt auch eine bunte Mischung aus Kulturen und Aromen. Wussten Sie, dass Pesto, ein aus der ligurischen Küche Italiens stammendes Rezept, ursprünglich im Mörser zerstoßen wurde, was ihm auch seinen Namen verleiht („pestare" bedeutet „zerstoßen" auf Italienisch)? Kirschtomaten hingegen wurden erst im 19. Jahrhundert in Europa eingeführt und stammen ursprünglich aus Peru und Nordchile.

Zutaten

400 g Pasta nach Wahl (z.B. Spaghetti, Penne)
200 g Erbsen
2 Tassen frisches Basilikum
1/2 Tasse Pinienkerne
3 Knoblauchzehen
1/2 Tasse Olivenöl
2 EL Hefeflocken
1 EL Zitronensaft
Salz und Pfeffer nach Geschmack
200 g Kirschtomaten
2 EL Olivenöl (zum Anbraten)
Frisches Basilikum zur Garnierung
Optional: Veganer Parmesan

Zubereitung

1. **Pasta kochen:** Wasser in einem großen Topf zum Kochen bringen, salzen und die Pasta mit den Erbsen zusammen nach Packungsanweisung kochen.
2. Abgießen und beiseite stellen.
3. **Veganes Pesto zubereiten**: Basilikum, Pinienkerne, Knoblauch, Olivenöl, Hefeflocken, Zitronensaft, Salz und Pfeffer in einen Mixer geben und zu einer glatten Paste pürieren.
4. Bei Bedarf noch etwas Olivenöl hinzufügen und mit Salz und Pfeffer abschmecken.
5. **Kirschtomaten anbraten**: Olivenöl in einer Pfanne erhitzen und die Kirschtomaten ca. 5 Minuten anbraten, bis sie leicht aufplatzen.
6. Leicht salzen und pfeffern.
7. **Pasta mischen**: Gekochte Pasta, Erbsen, Pesto und gebratene Kirschtomaten in einer großen Schüssel oder der Pfanne vermengen.
8. Falls nötig, mit Salz und Pfeffer nachwürzen.
9. **Servieren**: Die Pesto Pasta auf Teller verteilen, mit frischem Basilikum und optional mit veganem Parmesan garnieren.
10. Sofort servieren und genießen!

Asiatischer Tofu-Salat

ZUBEREITUNGSDAUER: 15 MIN - PORTIONEN: 2

Der Asiatische Tofu-Salat ist nicht nur eine leichte und köstliche Mahlzeit, sondern auch eine Fusion aus vielfältigen Aromen und Texturen, die typisch für die asiatische Küche sind. Wussten Sie, dass Tofu, auch als Bohnenquark bekannt, seinen Ursprung in China hat und seit über 2000 Jahren ein Grundnahrungsmittel in vielen asiatischen Ländern ist? Die Beilage, Sojasprossen, sind nicht nur knackig und lecker, sondern auch reich an Vitamin K, das eine Schlüsselrolle bei der Blutgerinnung spielt. Interessant ist auch, dass Sesamöl, das in unserem Dressing verwendet wird, in der traditionellen chinesischen Medizin oft als Mittel zur Förderung der Haar- und Hautgesundheit genutzt wird.

Zutaten

Salat:
200 g fester Tofu
1 rote Paprika, in dünne Streifengeschnitten
1 Karotte, in dünne Streifen oder Spiralform geschnitten
100g frische Sojasprossen
1 Frühlingszwiebel, in Ringe geschnitten
1 Handvoll frischer Koriander, grob gehackt
1 Handvoll Erdnüsse, grob gehackt
1 EL Sesamsamen

Dressing:
2 EL Sojasauce
1 EL Ahornsirup oder Agavendicksaft
1 TL geriebener frischer Ingwer
1 Knoblauchzehe, gepresst
1 EL Sesamöl
1 EL Limettensaft
1 TL Sambal Oelek oder eine andere Chili-Sauce (optional)

Zubereitung

1. **Tofu zubereiten:** Tofu aus der Verpackung nehmen, überschüssiges Wasser abtupfen und in Würfelschneiden. In einer heißen Pfanne mit etwas Öl von allen Seiten goldbraun anbraten. Optional kann der Tofu auch mariniert werden, indem er vor dem Braten einige Minuten in 1 EL Sojasauce und 1 TL Sesamöleingelegt wird.
2. **Gemüse vorbereiten**: Während der Tofu brät, das Gemüse (Paprika, Karotte, Frühlingszwiebel) sowie den Koriander vorbereiten und in eine große Schüsselgeben.
3. **Dressing anmischen**: Alle Zutaten für das Dressing in einer kleinen Schüssel verquirlen. Abschmecken und je nach Vorliebe mit Salz, Pfeffer oder Chili nachwürzen.
4. **Salat mischen**: Den gebratenen Tofu, Sojasprossen und das Dressing zum Gemüse geben. Alles gründlich vermengen, sodass das Dressing alle Zutaten schönummantelt.
5. Servieren: Den Salat in einer Bowl verteilen, mit gehackten Erdnüssen, Sesamsamen und gegebenenfalls zusätzlichem Koriander bestreuen. Sofort servieren und genießen!

Linsen-Tomaten-Curry

ZUBEREITUNGSDAUER: 20 MIN - PORTIONEN: 3

Linsen sind nicht nur eine ausgezeichnete Proteinquelle, sondern sie waren auch eine der ersten Pflanzen, die vom Menschen kultiviert wurden, wobei ihre Spuren bis zu 8000 Jahre zurückreichen. In der indischen Küche, wo unser würziges Linsen-Tomaten-Curry seine Wurzeln hat, sind Linsen (oder "Dal") seit Jahrhunderten ein unverzichtbarer Bestandteil der täglichen Ernährung. Linsengerichte variieren stark in ganz Indien, von den cremigen roten Linsengerichten im Norden bis zu den scharf gewürzten schwarzen Linsen im Süden. Das Linsen-Tomaten-Curry vereint die Sanftheit der Tomaten mit der exotischen, vollen Würze indischer Gewürze und der Reichhaltigkeit der Kokosmilch.

Zutaten

200g rote Linsen
1 große Zwiebel, gewürfelt
3 Knoblauchzehen, fein gehackt
1 Stück Ingwer (ca. 2 cm), gerieben
400g Dose gehackte Tomaten
400 ml Kokosmilch
1 TL Kurkuma
1 TL Garam Masala
1 TL Kreuzkümmel
1 TL Korianderpulver
1 TL Chiliflocken (optional für Extra-Schärfe)
Salz und Pfeffer zum Abschmecken
Frischer Koriander, zum Garnieren
2 EL Kokos- oder Olivenöl
Optional: Naan-Brot oder Reis als Beilage

Zubereitung

1. **Vorbereiten der Linsen**: Spülen Sie die roten Linsen unter fließendem Wasser ab bis dieses klar ist und lassen Sie sie abtropfen.
2. **Zwiebeln und Gewürze anbraten**: Erhitzen Sie das Öl in einer großen Pfanne oder einem Wok bei mittlerer Hitze. Fügen Sie die gewürfelten Zwiebeln hinzu und braten Sie sie bis sie goldbraun und weich sind. Fügen Sie den gehackten Knoblauch und den geriebenen Ingwer hinzu und lassen Sie es für weitere 2 Minuten köcheln.
3. **Linsen und Gewürze hinzufügen**: Geben Sie die Linsen sowie die Gewürze (Kurkuma, Garam Masala, Kreuzkümmel, Korianderpulver und optional Chiliflocken) in die Pfanne und rühren Sie um, damit alles gut vermischt ist.
4. **Tomaten und Kokosmilch hinzufügen**: Fügen Sie die gehackten Tomaten und Kokosmilch hinzu, rühren Sie um und lassen Sie das Curry etwa 15 Minuten köcheln, bis die Linsen weich sind. Falls nötig, können Sie während des Kochvorgangs etwas Wasser hinzufügen.
5. **Abschmecken und Servieren**: Schmecken Sie das Curry mit Salz und Pfeffer ab und lassen es vor dem Servieren noch für ein paar Minuten ziehen. Garnieren Sie mit frischem Koriander und servieren Sie es mit Naan-Brot oder Reis.

Pilz-Stroganoff

ZUBEREITUNGSDAUER: 20 MIN - PORTIONEN: 2

Das Originalrezept für „Bœuf Stroganoff" entstand im 19. Jahrhundert und wurde nach der adligen Stroganoff-Familie benannt, erfreut sich aber auch heute in pflanzlichen Varianten großer Beliebtheit. Pilze, mit ihrem reichen, erdigen Aroma und fleischähnlichen Biss, werden oft als köstlicher Fleischersatz in der veganen Küche genutzt. Dieses Gericht bringt nicht nur russische Aromen zu Ihnen nach Hause, sondern ist auch ein strahlendes Beispiel dafür, wie traditionelle Rezepte neu und tierfreundlich interpretiert werden können.

Zutaten

500g Champignons (oder eine Pilzmischung nach Wahl)
1 Zwiebel, fein gehackt
3 Knoblauchzehen, gepresst
200ml pflanzliche Sahne (z.B. auf Basis von Hafer oder Soja)
2 EL Sojasauce
1 TL Dijon-Senf
1 TL Paprikapulver
2 EL Olivenöl
Salz und Pfeffer zum Abschmecken
Frische Petersilie, gehackt, zum Garnieren
250g Reis oder Nudeln zum Servieren

Zubereitung

1. **Vorbereitung der Beilage**: Beginnen Sie mit dem Kochen des Reises oder der Nudeln gemäß den Anweisungen auf der Verpackung.
2. **Pilze zubereiten**: Währenddessen die Pilze säubern und in Scheiben schneiden.
3. **Gemüse anbraten**: In einer großen Pfanne das Olivenöl erhitzen und die gehackte Zwiebel sowie den gepressten Knoblauch darin etwa 2-3 Minuten anbraten, bis sie weich und duftend sind.
4. **Pilze hinzufügen**: Die Pilze zur Pfanne hinzufügen und für weitere 5-7 Minuten anbraten, bis sie goldbraun und saftig sind. Dabei regelmäßig umrühren.
5. **Würzen**: Sojasauce, Dijon-Senf und Paprikapulver hinzufügen und gut umrühren.
6. **Sahne hinzufügen**: Die pflanzliche Sahne eingießen und alles gut vermengen. Die Mischung zum Köcheln bringen und 5 Minuten lang leicht köcheln lassen, bis die Soße etwas eingedickt ist. Mit Salz und Pfeffer abschmecken.
7. **Servieren**: Das Pilz-Stroganoff über Reis oder Nudeln servieren und mit frisch gehackter Petersilie garnieren.
8. **Tipp**: Für eine zusätzliche Geschmacksnote können Sie einen Schuss Weißwein hinzufügen, bevor Sie die Sahne eingießen. Einfach ein paar Minuten köcheln lassen, um den Alkohol zu verdampfen, und dann wie oben beschrieben fortfahren.

Spaghetti Aglio e Olio mit Spinat

ZUBEREITUNGSDAUER: 20 MIN - PORTIONEN: 2

Spaghetti Aglio e Olio, direkt übersetzt "Spaghetti mit Knoblauch und Öl", hat seine Wurzeln in der Region Kampanien Italiens. Traditionell mit nur wenigen Zutaten zubereitet, steht es für die Einfachheit und Reinheit der italienischen Küche. Die Zugabe von Spinat ist nicht nur eine nahrhafte Erweiterung, sondern auch eine Hommage an die Renaissancezeit, in der Spinat aus Asien nach Europa kam und rasch an Popularität gewann. Zitronenzeste und Chili verleihen dem Gericht eine moderne Note und verstärken den Geschmack.

Zutaten

200g Spaghetti
5 Knoblauchzehen, fein gehackt
1 frische rote Chilischote, entkernt und fein gehackt (optional)
4 EL Olivenöl
200g frischer Spinat
1 TL Chiliflocken (optional)
Salz und Pfeffer nach Geschmack
Zitronenzeste von 1 Zitrone
2 EL frisch gehackte Petersilie

Zubereitung

1. **Nudeln kochen:** Spaghetti nach Packungsanweisung in einem großen Topf mit kochendem Salzwasser bis zur gewünschten Bissfestigkeit kochen.
2. Die Nudeln abgießen, dabei ca. 1 Tasse des Nudelwassers aufbewahren.
3. **Knoblauch und Chili anbraten**: In einer großen Pfanne Olivenöl bei mittlerer Hitze erwärmen.
4. Knoblauch und frische Chili (wenn verwendet) hinzufügen und unter ständigem Rühren 1-2 Minuten anbraten, bis der Knoblauch leicht goldbraun ist.
5. **Spinat hinzufügen**: Den Spinat zur Pfanne hinzufügen und 2-3 Minuten mit anbraten, bis er welk ist.
6. Mit Salz, Pfeffer und optional Chiliflocken würzen.
7. **Nudeln und Nudelwasser hinzufügen**: Die gekochten Spaghetti und etwa 1/2 Tasse des aufbewahrten Nudelwassers in die Pfanne geben.
8. Alles gut vermengen und kochen, bis die Spaghetti mit der Sauce gut vermischt sind und die gewünschte Konsistenz erreicht ist. Fügen Sie bei Bedarf mehr Nudelwasser hinzu.
9. **Servieren**: Die Spaghetti mit frisch geriebener Zitronenschale oder gehackter Petersilie bestreuen. Als weitere Option können Sie auch veganen Parmesan verwenden.

Gegrillte Polenta mit Ratatouille

ZUBEREITUNGSDAUER: 20 MIN - PORTIONEN: 2

Gegrillte Polenta trifft auf ein schmackhaftes Ratatouille. Interessanterweise war Polenta, heute ein bekanntes norditalienisches Gericht, einst ein Grundnahrungsmittel der römischen Soldaten und wurde aus verschiedensten Getreidesorten hergestellt, bevor Mais aus der Neuen Welt importiert wurde. Auf der anderen Seite steht Ratatouille, eine provenzalische Delikatesse, deren Name vom französischen Wort "touiller" abstammt, was "umrühren" bedeutet - und tatsächlich ist es die Mischung aus Zucchini, Auberginen, Paprika und Tomaten, die dieses Gericht so unverkennbar macht.

Zutaten

Polenta:
1 Tasse Polenta
4 Tassen Gemüsebrühe oder Wasser
2 Esslöffel Olivenöl (zum Grillen)
Salz und Pfeffer nach Geschmack

Ratatouille:
1 Zucchini, gewürfelt
1 Aubergine, gewürfelt
1 rote Paprika, gewürfelt
1 Zwiebel, in Ringe geschnitten
2 Knoblauchzehen, gehackt
1 Dose gestückelte Tomaten (400 g)
2 Teelöffel frischer Thymian, gehackt
Salz und Pfeffer nach Geschmack
2 Esslöffel Olivenöl

Zubereitung

1. **Polenta vorbereiten**: Gemüsebrühe oder das Wasser in einem Topf zum Kochen bringen.
2. Die Polenta einrühren und die Hitze reduzieren. Kochen und rühren bis die Polenta eindickt (ca. 5-7 Minuten).
3. Die Polenta in eine leicht geölte Form gießen und sie fest werden lassen (etwa 10 Minuten).
4. **Ratatouille zubereiten**: Das Olivenöl in einer Pfanne auf mittlerer Stufe erhitzen.
5. Zwiebeln und den Knoblauch hinzufügen und dünsten bis sie weich sind.
6. Zucchini, Aubergine und Paprika dazugeben und braten bis es weich und leicht gebräunt ist.
7. Die gestückelten Tomaten und den Thymian hinzufügen, mit Salz und Pfeffer würzen, das Ganze für etwa 10 Minuten köcheln lassen.
8. **Polenta grillen**: Grill (oder Pffane) aufheizen und die Polenta in Scheiben schneiden.
9. Jede Scheibe leicht mit Olivenöl bestreichen und grillen, bis sie goldbraun und knusprig sind (etwa 3-5 Minuten pro Seite).
10. **Servieren**: Die gegrillten Polentascheiben auf einen Teller legen und das Ratatouille darüber löffeln.

Tempeh-Stir-Fry

ZUBEREITUNGSDAUER: 15 MIN - PORTIONEN: 2

Die Verwendung von Tempeh, einem aus fermentierten Sojabohnen hergestellten Nahrungsmittel, das seinen Ursprung auf der indonesischen Insel Java hat, verspricht nicht nur eine Textur, die herrlich zwischen knackig und saftig variiert, sondern auch einen gehaltvollen, nussigen Geschmack, der das Herz jedes Pflanzenliebhabers höher schlagen lässt. Angereichert mit einem hohen Gehalt an Protein und präbiotischen Fasern, unterstützt Tempeh nicht nur den Muskelaufbau, sondern auch eine gesunde Darmflora.

Zutaten

200g Tempeh, in Streifen geschnitten
1 rote Paprika, in Streifen
1 Karotte, in dünne Scheiben
1 Zucchini, halbmondförmig geschnitten
2 Frühlingszwiebeln, in Ringe geschnitten
3 Knoblauchzehen, fein gehackt
1 EL Ingwer, gerieben
2 EL Sojasauce
1 EL Agavendicksaft oder Ahornsirup
1 EL Erdnussöl (oder jedes andere Pflanzenöl)
2 TL Sesamöl
1 TL Chiliflocken (optional)
2 EL frischer Koriander, gehackt (zum Garnieren)
Sesamsamen (zum Garnieren)

Zubereitung

1. **Tempeh marinieren**: Kombinieren Sie Sojasauce, Agavendicksaft, Sesamöl und Chiliflocken in einer Schüssel. Fügen Sie den Tempeh hinzu und lassen Sie ihn 10 Minuten marinieren.
2. **Gemüse vorbereiten**: Während der Tempeh mariniert, waschen und schneiden Sie das Gemüse.
3. **Tempeh anbraten**: Erhitzen Sie das Erdnussöl in einer Pfanne oder einem Wok auf mittlerer bis hoher Stufe. Fügen Sie den marinierten Tempeh hinzu und braten Sie ihn 2-3 Minuten, bis er leicht gebräunt ist. Nehmen Sie den Tempeh aus der Pfanne und stellen Sie ihn beiseite.
4. **Gemüse anbraten**: Im gleichen Wok, fügen Sie bei Bedarf ein wenig mehr Öl hinzu, und braten Sie den Knoblauch und den Ingwer an, bis sie duften. Fügen Sie dann die Karotten, Zucchini und Paprika hinzu und braten Sie weitere 5-7 Minuten, bis das Gemüse an den Rändern leicht karamellisiert und dennoch bissfest ist.
5. **Alles kombinieren**: Geben Sie den Tempeh zurück in die Pfanne. Mischen Sie alles gut durch und lassen Sie es noch weitere 2 Minuten braten.
6. **Servieren**: Servieren Sie das Stir-Fry heiß, garniert mit Frühlingszwiebeln, frischem Koriander und Sesamsamen.

Couscous und Gemüse-Medley

ZUBEREITUNGSDAUER: 20 MIN - PORTIONEN: 2

Ein verblüffender Fakt ist, dass Couscous eigentlich kein Getreide ist, sondern winzige Teigperlen, hergestellt aus zwei unterschiedlichen Weizensorten - Hartweizen und Weichweizen. Dieses wunderbar vielseitige Grundnahrungsmittel ist nicht nur reich an Kohlenhydraten, sondern auch erstaunlich schnell zuzubereiten, was es zu einem unverzichtbaren Bestandteil der schnellen, modernen Küche macht. In Kombination mit einem Medley aus frischem Gemüse entsteht nicht nur ein visuell ansprechendes Gericht, sondern auch eine Geschmacksexplosion, die ein faszinierendes Spiel aus süßen, sauren und umami Aromen bietet.

Zutaten

Tasse Couscous
1,5 Tassen Gemüsebrühe
1 Zwiebel, gewürfelt
2 Knoblauchzehen, gehackt
1 Zucchini, gewürfelt
1 rote Paprika, gewürfelt
1 Karotte, gewürfelt
1 Tasse Kirschtomaten, halbiert
2 EL Olivenöl
1 TL Kreuzkümmel
1 TL Paprikapulver
Salz und Pfeffer nach Geschmack
Frische Petersilie, gehackt (zum Garnieren)
1 Zitrone (Saft und Abrieb)

Zubereitung

1. **Couscous Vorbereiten**: Bringen Sie die Gemüsebrühe in einem mittelgroßen Topf zum Kochen.
2. Fügen Sie den Couscous hinzu, rühren Sie um, decken Sie ab und nehmen Sie den Topf vom Herd.
3. Lassen Sie den Couscous 5 Minuten quellen und fluffen Sie ihn dann mit einer Gabel auf.
4. **Gemüse Anbraten**: Erhitzen Sie das Olivenöl in einer großen Pfanne bei mittlerer Hitze.
5. Fügen Sie Zwiebeln und Knoblauch hinzu und braten Sie diese für etwa 2 Minuten an, bis sie duften.
6. Geben Sie die Karotten hinzu und braten Sie weitere 2 Minuten.
7. **Weiteres Gemüse Hinzufügen**: Fügen Sie Zucchini, Paprika, und Gewürze (Kreuzkümmel, Paprika, Salz, Pfeffer) hinzu.
8. Kochen Sie das Gemüse für weitere 5-7 Minuten, bis es bissfest ist.
9. Fügen Sie die Kirschtomaten hinzu und braten Sie für weitere 2 Minuten.
10. **Zusammenführen**: Vermengen Sie den gequollenen Couscous mit dem Gemüse-Medley in der Pfanne.
11. Fügen Sie Zitronensaft und -abrieb hinzu und rühren Sie um.
12. **Servieren**: Übertragen Sie das Couscous und Gemüse-Medley auf Teller.
13. Garnieren Sie mit frischer Petersilie und servieren Sie heiß.

Kürbis-Risotto

ZUBEREITUNGSDAUER: 30 MIN - PORTIONEN: 2

Der Yam-Eintopf, in Nigeria auch als "Asaro" bekannt, ist ein traditionelles Gericht, das tief in der nigerianischen Kultur verwurzelt ist. Yams sind in vielen Teilen Westafrikas ein Grundnahrungsmittel und spielen eine zentrale Rolle bei kulturellen Feierlichkeiten. Unsere vegane Version dieses herzhaften Eintopfs verzichtet auf Fleisch, ohne dabei an Geschmack oder Textur zu verlieren. Das rote Palmöl verleiht dem Gericht eine charakteristische goldene Farbe und einen einzigartigen Geschmack.

Zutaten

1 kleiner Hokkaido-Kürbis (ca. 500 g)
1 Zwiebel
2 Knoblauchzehen
200 g Risottoreis
750 ml Gemüsebrühe
100 ml Weißwein (optional)
2 EL Olivenöl
Salz und Pfeffer
1 TL Kurkuma
Frische Petersilie (zum Garnieren)
Hefeflocken (optional, für einen käseähnlichen Geschmack)

Zubereitung

1. **Vorbereitung des Kürbisses**: Den Kürbis waschen, halbieren und entkernen. Einige dünne Scheiben zur Seite legen für die Garnierung, den Rest in kleine Würfel schneiden.
2. **Risotto vorbereiten**: Zwiebel und Knoblauch schälen und fein hacken.
3. In einem großen Topf das Olivenöl erhitzen. Zwiebeln und Knoblauch darin anbraten, bis sie glasig sind.
4. **Kürbis hinzufügen**: Kürbiswürfel zum Topf geben und für etwa 5 Minuten anbraten, bis sie anfangen weich zu werden.
5. Den Risottoreis hinzufügen und kurz mitanbraten.
6. Mit Weißwein ablöschen und diesen vollständig einreduzieren lassen (falls kein Weißwein verwendet wird, mit etwas Brühe ablöschen).
7. **Risotto kochen**: Nun nach und nach die Gemüsebrühe hinzufügen, dabei ständig rühren und darauf warten, dass der Reis die Flüssigkeit jeweils fast vollständig aufgenommen hat, bevor die nächste Kelle Brühe hinzugefügt wird.
8. Während der Reis köchelt, in einer separaten Pfanne die Kürbisscheiben mit etwas Öl anbraten, bis sie goldbraun und weich sind, und beiseite stellen.
9. Den Risotto mit Kurkuma, Salz und Pfeffer würzen.
10. **Servieren**: Nach ca. 18-20 Minuten, wenn der Reis weich und cremig ist, das Risotto vom Herd nehmen.
11. Auf Teller verteilen, mit gebratenen Kürbisscheiben, frischer Petersilie und optional Hefeflocken garnieren und sofort servieren.

Zitronen-Knoblauch-Kichererbsen mit Reis

ZUBEREITUNGSDAUER: 100 MIN - PORTIONEN: 2

Die Küche Madagaskars ist ein faszinierendes Zusammentreffen von afrikanischen, asiatischen und europäischen Einflüssen. Eines ihrer traditionellen Gerichte ist Voanjobory, eine Suppe aus Bambara-Erdnüssen. Diese spezielle Erdnussart, die in Afrika heimisch ist, ist nicht nur schmackhaft, sondern auch reich an Proteinen und Nährstoffen. In unserem veganen Twist auf dieses Gericht ersetzen wir tierische Produkte und setzen auf die Cremigkeit von Kokosmilch.

Zutaten

200 g getrocknete Bambara-Erdnüsse (Voanjobory), über Nacht eingeweicht und abgetropft (optional beliebige Hülsenfrüchte)
2 EL Kokosöl oder Erdnussöl
1 große Zwiebel, gewürfelt
3 Knoblauchzehen, fein gehackt
1 Ingwerstück (ca. 3 cm), fein gehackt
1-2 grüne oder rote Chilis, entkernt und fein gehackt (je nach Schärfe)
400 ml gehackte Tomaten (Dose oder frisch)
400 ml Kokosmilch
1 TL Kurkuma
1 TL Kreuzkümmel, gemahlen
Salz und Pfeffer nach Geschmack
Frischer Koriander oder Petersilie zum Garnieren
Optional: Frisches Gemüse nach Wahl, z.B. Karotten oder Süßkartoffeln, gewürfelt

Zubereitung

1. In einem großen Topf das Öl erhitzen und die Zwiebeln darin glasig dünsten. Knoblauch, Ingwer und Chili hinzufügen und weitere 2-3 Minuten anbraten.
2. Die eingeweichten Bambara-Erdnüsse hinzufügen und kurz mitanbraten.
3. Mit den gehackten Tomaten und Kokosmilch ablöschen. Kurkuma und Kreuzkümmel unterrühren und zum Kochen bringen.
4. Auf mittlerer Hitze ca. 1-1,5 Stunden köcheln lassen, bis die Bambara-Erdnüsse weich sind. Bei Bedarf zusätzliches Wasser oder Gemüsebrühe hinzufügen.
5. Falls zusätzliches Gemüse verwendet wird, dieses etwa 30 Minuten vor Ende der Kochzeit hinzufügen.
6. Mit Salz und Pfeffer abschmecken und mit frischem Koriander oder Petersilie garnieren.
7. Warm servieren, idealerweise mit Reis oder einem rustikalen Brot.

Gefüllte Paprika

ZUBEREITUNGSDAUER: 20 MIN - PORTIONEN: 2

Gefüllte Paprika hat in der veganen Küche eine besondere Stellung, indem sie eine geschmackvolle und sättigende Mahlzeit ohne tierische Produkte bietet. Was viele nicht wissen: Paprika sind nicht nur lecker, sondern auch ein exzellenter Vitamin-C-Lieferant, der das Immunsystem stärken kann. In der türkischen Küche findet man ein ähnliches Gericht namens „Biber Dolması", welches traditionell allerdings oft mit Fleisch gefüllt ist. Der Ursprung der gefüllten Paprika ist jedoch unklar, da viele Kulturen behaupten, Erfinder dieses Gerichts zu sein.

Zutaten

4 große Paprika
250g Couscous
400ml Gemüsebrühe
1 kleine Zwiebel, fein gewürfelt
2 Knoblauchzehe, fein gehackt
200g Champignons, klein geschnitten
1 mittelgroße Tomate, gewürfelt
2 TL Olivenöl
2 TL Paprikapulver
Salz, Pfeffer
Frische Petersilie zum Garnieren
Optional: Veganer Käse

Zubereitung

1. **Vorbereiten der Paprika**: Den Ofen auf 180°C vorheizen. Die Paprika waschen, halbieren und entkernen. Auf einem mit Backpapier ausgelegten Backblech platzieren und zur Seite stellen.
2. **Couscous kochen**: Die Gemüsebrühe in einem kleinen Topf zum Kochen bringen, den Couscous einrühren, vom Herd nehmen und 5 Minuten quellen lassen.
3. **Gemüse anbraten**: In einer Pfanne das Olivenöl erhitzen und die Zwiebeln und den Knoblauch darin anbraten, bis sie glasig sind. Die Champignons hinzufügen und weitere 5 Minuten braten, bis sie goldbraun sind. Die Tomatenwürfel unterrühren und mit Paprikapulver, Salz und Pfeffer würzen.
4. **Füllen der Paprika**: Die Couscous-Mischung mit dem gebratenen Gemüse vermengen und gleichmäßig in die Paprikahälften füllen. Optional mit veganem Käse bestreuen.
5. **Backen**: Die gefüllten Paprikahälften im vorgeheizten Ofen für etwa 10-12 Minuten backen, bis die Paprika weich, aber noch bissfest ist.
6. **Servieren**: Mit frischer Petersilie bestreuen und heiß servieren. Ein frischer Salat oder ein Joghurtdip sind ideale Begleiter.

Nudeln mit Brokkoli und Pilzen

ZUBEREITUNGSDAUER: 20MIN - PORTIONEN: 2

Die Kombination von Brokkoli und Pilzen in einem Gericht verbindet nicht nur zwei geschmackvolle Welten, sondern bietet auch eine Fülle von Nährstoffen, darunter Vitamin C, Eisen und Ballaststoffe. Brokkoli, bekannt für seine krebshemmenden Eigenschaften, und Pilze, die für ihre Fähigkeit, das Immunsystem zu stärken, geschätzt werden, erschaffen gemeinsam eine nahrhafte Symbiose. Die Würze und Textur der Pilze balancieren das knackige, frische Aroma des Brokkolis aus und bilden so eine hervorragende Basis für eine herrliche Nudelzubereitung. Interessanterweise führt das leichte Anrösten der Pilze dazu, dass sie bestimmte Antioxidantien freisetzen, welche beim rohen Verzehr nicht verfügbar sind.

Zutaten

200 g Nudeln (z. B. Spaghetti, Penne oder eine glutenfreie Variante)
200 g Brokkoli, in Röschen geteilt
200 g gemischte Pilze (z. B. Champignons, Shiitake), geschnitten
3 Knoblauchzehen, fein gehackt
1 Zwiebel, gewürfelt
2 EL Olivenöl
150 ml Gemüsebrühe
100 ml pflanzliche Kochcreme (z. B. auf Hafer- oder Sojabasis)
Salz und Pfeffer nach Geschmack
Frische Petersilie und/oder Basilikum zum Garnieren
Optional: 2 EL Hefeflocken für einen käseähnlichen Geschmack

Zubereitung

1. **Nudeln kochen**: In einem großen Topf Salzwasser zum Kochen bringen und die Nudeln nach Packungsanweisung kochen. Dann abgießen und beiseite stellen.
2. **Brokkoli blanchieren**: Den Brokkoli in einem separaten Topf für etwa 3 Minuten in kochendem Wasser blanchieren. Dann abgießen und mit kaltem Wasser abschrecken, um den Garprozess zu stoppen.
3. **Gemüse anbraten**: In einer großen Pfanne das Olivenöl erhitzen. Zwiebel und Knoblauch darin anbraten, bis sie duften. Pilze hinzufügen und anbraten, bis sie ihre Flüssigkeit verlieren und leicht gebräunt sind.
4. **Brokkoli hinzufügen**: Blanchierten Brokkoli in die Pfanne geben und alles gut vermischen. Weitere 2 Minuten braten.
5. **Soße zubereiten**: Gemüsebrühe und pflanzliche Kochcreme hinzufügen. Umrühren und zum Kochen bringen. Mit Salz und Pfeffer abschmecken und optional Hefeflocken hinzufügen. Alles gut vermischen und für etwa 5 Minuten auf mittlerer Hitze köcheln lassen, bis die Soße leicht eindickt.
6. **Mit Nudeln vermischen:** Die gekochten Nudeln zur Pfanne geben und alles gut vermischen, sodass die Nudeln mit der Soße überzogen sind.
7. **Servieren**: Das Gericht auf Teller verteilen und nach Belieben mit frischer Petersilie und/oder Basilikum garnieren.

Chili mit Bohnen

ZUBEREITUNGSDAUER: 20MIN - PORTIONEN: 2

Die Kombination von Brokkoli und Pilzen in einem Gericht verbindet nicht nur zwei geschmackvolle Welten, sondern bietet auch eine Fülle von Nährstoffen, darunter Vitamin C, Eisen und Ballaststoffe. Brokkoli, bekannt für seine krebshemmenden Eigenschaften, und Pilze, die für ihre Fähigkeit, das Immunsystem zu stärken, geschätzt werden, erschaffen gemeinsam eine nahrhafte Symbiose. Die Würze und Textur der Pilze balancieren das knackige, frische Aroma des Brokkolis aus und bilden so eine hervorragende Basis für eine herrliche Nudelzubereitung. Interessanterweise führt das leichte Anrösten der Pilze dazu, dass sie bestimmte Antioxidantien freisetzen, welche beim rohen Verzehr nicht verfügbar sind.

Zutaten

1 Dose Kidneybohnen (ca. 400 g), abgetropft und gespült
1 Zwiebel, gewürfelt
2 Knoblauchzehen, fein gehackt
1 rote Paprika, gewürfelt
1 grüne Paprika, gewürfelt
1 Dose Tomaten (ca. 400 g), gehackt
2 EL Tomatenmark
1 mittelgroße Karotte, gewürfelt
1 TL Kreuzkümmel
1 TL Paprika (süß oder geräuchert, je nach Vorliebe)
1/2 TL Chili-Pulver (oder nach Geschmack)
Salz und Pfeffer nach Geschmack
2 EL Olivenöl
500 ml Gemüsebrühe
Frischer Koriander und Limettenspalten zum Garnieren

Zubereitung

1. **Gemüse anbraten**: Das Olivenöl in einem großen Topf erhitzen und Zwiebel, Knoblauch, rote und grüne Paprika darin 5 Minuten anbraten, bis die Zwiebel weich ist.
2. **Gewürze und Karotte hinzufügen**: Kreuzkümmel, Paprika, Chili-Pulver und die gewürfelte Karotte zugeben. Alles gut umrühren und weitere 2 Minuten braten.
3. **Flüssigkeit hinzufügen**: Die gehackten Tomaten, das Tomatenmark und die Gemüsebrühe in den Topf geben und gut umrühren. Zum Kochen bringen und 5 Minuten köcheln lassen.
4. **Bohnen hinzufügen**: Die abgetropften Bohnen zugeben und mit Salz und Pfeffer abschmecken. Weitere 5-7 Minuten köcheln lassen, bis die Karotte weich ist und die Aromen miteinander verschmolzen sind.
5. **Servieren:** Das Chili in Schalen füllen und mit frisch gehacktem Koriander bestreuen. Mit Limettenspalten garnieren und heiß servieren.

Bulgur-Salat mit Schwarzen Bohnen

ZUBEREITUNGSDAUER: 20MIN - PORTIONEN: 2

Tauchen Sie ein in die Welt des Bulgur-Salats mit schwarzen Bohnen, einem Gericht, das nicht nur mit seinem einzigartigen Geschmack, sondern auch mit einer reichen Geschichte beeindruckt. Bulgur, ein altes Getreide, welches bereits in den biblischen Zeiten verwendet wurde, gilt als eines der ältesten Lebensmittel der Welt und wurde besonders im Mittleren Osten geschätzt. Andererseits, die schwarzen Bohnen, stammen aus Amerika und waren ein Grundnahrungsmittel der Mayas und Azteken, symbolisierten sogar das Universum in ihrer Kultur.

Zutaten

1 Tasse Bulgur
1 Dose schwarze Bohnen (ca. 400 g), abgespült und abgetropft
1 rote Paprika, gewürfelt
1/2 Gurke, gewürfelt
1 kleine rote Zwiebel, in Ringe geschnitten
2 Frühlingszwiebeln, in Ringe geschnitten
1 Handvoll frischer Koriander, gehackt
1 Handvoll frische Petersilie, gehackt
1 Knoblauchzehe, gepresst
3 EL Olivenöl
Saft von 2 Limetten
Salz und Pfeffer nach Geschmack
Optional: 1 TL Kreuzkümmel
Optional: 1 Avocado, gewürfelt

Zubereitung

1. **Bulgur Kochen**: 1 Tasse Bulgur in eine Schüssel geben und mit 2 Tassen kochendem Wasser übergießen.
2. Abdecken und etwa 15 Minuten quellen lassen, bis das Wasser absorbiert ist.
3. **Gemüse Vorbereiten**: In der Zwischenzeit Paprika, Gurke, Zwiebel, und Frühlingszwiebeln vorbereiten und in eine große Schüssel geben.
4. Gehackten Koriander und Petersilie hinzufügen.
5. **Dressing**: In einer kleinen Schüssel Olivenöl, Limettensaft, gepressten Knoblauch, Salz, Pfeffer und optional Kreuzkümmel vermengen.
6. **Bulgur Hinzufügen**: Den gequollenen Bulgur zur Gemüsemischung geben und alles gut vermengen.
7. **Bohnen und Dressing**: Die schwarzen Bohnen und das Dressing hinzufügen und alles gut durchmischen.
8. Optional Avocado unterheben.
9. **Servieren**: Den Salat in Schüsseln anrichten und nach Wunsch mit zusätzlichem Koriander garnieren.
10. **Genießen**: Direkt servieren oder bis zum Verzehr im Kühlschrank aufbewahren!

Nudeln mit Tofu und Teriyaki-Sauce

ZUBEREITUNGSDAUER: 20MIN - PORTIONEN: 2

Diese Gemüsepfanne mit Tofu und Teriyaki-Sauce auf Nudeln kombiniert nicht nur Aromen, sondern auch Kulturen. Die Teriyaki-Sauce, ursprünglich aus Japan stammend, ist bekannt für ihre harmonische Mischung aus süß und salzig, während Tofu, ein Sojaprodukt, eine bedeutende Proteinquelle in vielen asiatischen Ländern ist. Udon-Nudeln bringen eine samtige Textur in dieses Gericht, und trotz ihrer Beliebtheit in Japan, sind sie tatsächlich ein Nahrungsmittel, das erstmals in China hergestellt wurde. Die Zugabe von Brokkoli, einem Gemüse, das in der asiatischen Küche nicht traditionell ist, aber in den letzten Jahrzehnten zunehmend an Beliebtheit gewonnen hat, gibt diesem Gericht einen zusätzlichen Nährstoffkick.

Zutaten

200 g fester Tofu
1 Brokkoli, in Röschen zerteilt
1 Paprika, in Streifen geschnitten
1 Karotte, in feine Streifen geschnitten
2 Frühlingszwiebeln, in Ringe geschnitten
2 Knoblauchzehen, fein gehackt
200 g Nudeln (z.B. Udon oder Soba)
4 EL Teriyaki-Sauce (vegan)
2 EL Sesamöl (oder ein anderes Pflanzenöl)
Optional: Sesamsamen, zum Bestreuen
Frisch gehackter Koriander, zum Garnieren (optional)

Zubereitung

1. **Tofu-Vorbereitung**: Den Tofu in Würfel schneiden und mit Küchenpapier trocken tupfen.
2. **Nudeln kochen**: Einen Topf mit Wasser zum Kochen bringen und die Nudeln nach Packungsanweisung kochen. Abgießen, kurz abspülen und beiseite stellen.
3. **Tofu anbraten**: In einer großen Pfanne das Sesamöl erhitzen. Den Tofu hinzufügen und von allen Seiten goldbraun anbraten. Aus der Pfanne nehmen und beiseite stellen.
4. **Gemüse braten**: Im gleichen Öl den Knoblauch kurz anbraten, dann Brokkoli, Paprika und Karotte hinzufügen. Für ca. 5 Minuten braten, bis das Gemüse leicht gebräunt und dennoch knackig ist.
5. **Teriyaki-Sauce**: Die Teriyaki-Sauce in die Pfanne geben und gut mit dem Gemüse vermischen. Den angebratenen Tofu hinzufügen und alles gut vermengen, bis der Tofu und das Gemüse mit der Sauce überzogen sind.
6. **Servieren**: Die Nudeln in Schüsseln verteilen, die Gemüse-Tofu-Mischung darauf geben. Mit Frühlingszwiebeln, optional Sesamsamen und Koriander bestreuen.

Seitan-Stroganoff mit Süßkartoffelbrei

ZUBEREITUNGSDAUER: 20MIN - PORTIONEN: 2

Der Star bei diesem Gericht ist Seitan, der eigentlich ein uraltes Nahrungsmittel, das von buddhistischen Mönchen in China entwickelt wurde, um eine proteinreiche, vegetarische Alternative zu Fleisch zu bieten. Kombiniert mit dem Süßkartoffelbrei, einer tollen Ballaststoffquelle, ergibt sich nicht nur ein herrlich cremiges, sondern auch nährstoffdichtes Gericht. Nicht zu vergessen, dass Süßkartoffeln im Gegensatz zu normalen Kartoffeln tatsächlich aus einer anderen Pflanzenfamilie stammen und mit dem Windengewächs verwandt sind.

Zutaten

Seitan Stroganoff

250 g Seitan, in Streifen geschnitten
1 mittelgroße Zwiebel, fein gehackt
2 Knoblauchzehen, gehackt
200 g Champignons, geschnitten
2 EL Tomatenmark
200 ml pflanzliche Sahne (z. B. aus Soja)
2 EL Sojasoße
1 TL Paprikapulver
Salz, Pfeffer zum Abschmecken
2 EL pflanzliches Öl
Frische Petersilie zum Garnieren

Süßkartoffelbrei

500 g Süßkartoffeln, geschält und gewürfelt
50 ml pflanzliche Milch
2 EL pflanzliche Butter
Salz, Pfeffer zum Abschmecken

Zubereitung

1. **Süßkartoffelbrei zubereiten**: Die Süßkartoffeln in einem mittelgroßen Topf mit Salzwasser bedecken und zum Kochen bringen.
2. Etwa 10 Minuten kochen lassen, bis die Süßkartoffeln weich sind.
3. Abgießen und mit pflanzlicher Milch, Butter, Salz und Pfeffer zerstampfen. Beiseite stellen.
4. **Seitan Stroganoff zubereiten**: Das Öl in einer großen Pfanne erhitzen. Seitanstreifen hinzufügen und für etwa 3-5 Minuten braten, bis sie an den Rändern leicht knusprig sind. Aus der Pfanne nehmen und beiseite stellen.
5. In derselben Pfanne die gehackte Zwiebel und den Knoblauch anbraten, bis sie weich und duftend sind.
6. Champignons hinzufügen und für weitere 5 Minuten kochen lassen.
7. Tomatenmark, pflanzliche Sahne, Sojasoße und Paprikapulver einrühren. Die Sauce zum Köcheln bringen.
8. Den Seitan wieder in die Pfanne geben und alles gut vermischen. Weitere 2-3 Minuten köcheln lassen. Mit Salz und Pfeffer abschmecken.
9. **Servieren**: Den Süßkartoffelbrei auf die Teller verteilen, das Seitan Stroganoff darüber geben und mit frisch gehackter Petersilie garnieren.
10. Sofort servieren und genießen.

Gemüse-Curry mit Nudeln

ZUBEREITUNGSDAUER: 20MIN - PORTIONEN: 2

Tauchen Sie ein in die aromatische Welt des Curry, das seinen Ursprung nicht, wie oft angenommen, in Indien hat, sondern von den Briten im 18. Jahrhundert eingeführt wurde! Obwohl Currypulver als eine typisch indische Würzmischung gilt, ist es eher ein britisches Erzeugnis, das die vielfältigen Aromen Indiens vereinfachen sollte. Unser Gemüse-Curry mit Nudeln vereint die Schnelligkeit asiatischer Nudelgerichte mit der Würze und Cremigkeit, die für viele Curry-Gerichte charakteristisch sind. Die Verwendung von Kokosmilch, die sowohl Veganern als auch Laktoseintoleranten entgegenkommt, ist nicht nur ein cremiger Genuss, sondern bringt auch gesundheitliche Vorteile mit sich, darunter die Förderung von Herzgesundheit und Immunsystem.

Zutaten

200 g Reisnudeln
1 mittelgroße Zwiebel, gewürfelt
2 Knoblauchzehen, gehackt
1 rote Paprika, in Streifen
1 Karotte, in dünne Scheiben geschnitten
200 g Brokkoli, in kleine Röschen geteilt
100 g grüne Bohnen, halbiert
150 ml Kokosmilch
2 EL Currypulver
1 TL Kurkuma
1 TL Ingwerpulver
1 EL Sojasauce
1 EL Öl (zum Anbraten)
Salz und Pfeffer nach Geschmack
Frischer Koriander und Limettenschnitze zum Garnieren

Zubereitung

1. **Nudeln Kochen:** Nudeln nach Packungsanleitung kochen, abgießen und beiseite stellen.
2. Gemüse Anbraten: In einer großen Pfanne oder einem Wok das Öl erhitzen und die Zwiebel sowie den Knoblauch anbraten, bis sie duften.
3. Paprika, Karotte, Brokkoli und grüne Bohnen hinzufügen und für etwa 5 Minuten anbraten, bis sie leicht weich, aber noch bissfest sind.
4. **Curry Zubereiten**: Currypulver, Kurkuma und Ingwerpulver hinzufügen und gut umrühren, damit das Gemüse gleichmäßig mit den Gewürzen bedeckt ist.
5. Kokosmilch eingießen und alles gut vermengen.
6. Das Curry für etwa 10 Minuten köcheln lassen, damit die Aromen sich entfalten können und das Gemüse gar wird.
7. Mit Sojasauce, Salz und Pfeffer abschmecken.
8. **Kombinieren und Servieren**: Die gekochten Nudeln in das Curry rühren und alles gut vermischen, sodass die Nudeln die Aromen aufnehmen können.
9. Den Herd ausschalten und das Gemüse-Curry mit Nudeln auf Teller verteilen.
10. Mit frischem Koriander und einem Limettenschnitz garnieren.

Seitan-Kartoffelsalat

ZUBEREITUNGSDAUER: 20MIN - PORTIONEN: 2

Die Fusion von Seitan und Kartoffelsalat in diesem Rezept bietet nicht nur einen hervorragenden Geschmack, sondern auch eine beeindruckende Nährstoffdichte. Seitan, oft als „Weizengluten" bezeichnet, wird seit über tausend Jahren in asiatischen Küchen verwendet und ist für seinen hohen Proteingehalt und seine fähige Textur bekannt, die erstaunlich fleischähnlich ist. Wussten Sie, dass die erste Erwähnung eines Kartoffelsalats aus Spanien stammt, obwohl das Gericht in vielen Ländern mit regionalen Variationen existiert? In dieser veganen Variante des Klassikers wird der traditionelle Kartoffelsalat mit dem robusten Aroma und der Textur des Seitan angereichert, um ein sättigendes und geschmacklich anspruchsvolles Gericht zu kreieren.

Zutaten

200 g Seitan, in Streifen geschnitten
500 g kleine festkochende Kartoffeln
1 große rote Zwiebel, in dünne Ringe geschnitten
1 Bund frischer Petersilie, gehackt
4 EL Olivenöl
2 EL Weißweinessig
1 EL Senf
1 TL Agavendicksaft oder anderer Süßstoff
Salz und Pfeffer nach Geschmack
Optional: 1 EL Kapern

Zubereitung

1. **Kartoffeln kochen**: Die Kartoffeln in gesalzenem Wasser 13 Minuten kochen, bis sie gar, aber noch fest sind.
2. Anschließend abgießen, abkühlen lassen und in Scheiben oder Viertel schneiden.
3. **Seitan anbraten**: In einer Pfanne 2 EL Olivenöl erhitzen und die Seitanstreifen darin 5-7 Minuten kross und goldbraun anbraten.
4. Den Seitan aus der Pfanne nehmen und beiseite stellen.
5. **Dressing zubereiten**: In einer kleinen Schüssel Olivenöl, Weißweinessig, Senf und Agavendicksaft verquirlen.
6. Mit Salz und Pfeffer abschmecken.
7. **Salat zusammenstellen**: In einer großen Schüssel die abgekühlten Kartoffelscheiben, Seitanstreifen, rote Zwiebelringe, Petersilie und optional Kapern miteinander vermengen.
8. Das Dressing darüber geben und alles gut vermischen, damit die Zutaten das Dressing aufnehmen können.
9. **Servieren**: Den Salat abschmecken und bei Bedarf nachwürzen.
10. Kann sofort serviert werden oder für ein paar Stunden in den Kühlschrank gestellt werden, um die Aromen zu intensivieren.

Für den kleinen Hunger

Toast mit pikanter Bohnencreme

Tomaten-Basilikum-Bruschetta mit schwarzen Bohnen

Sandwich mit gebratenem Tofu

Süßkartoffel-Bohnen-Burritos

Chickpea Smash Sandwich

Quesadillas

Tacos mit Linsen

Hummus und Gegrillter Gemüse-Wrap

Tempeh-Salza-Sandwich

Toast mit pikanter Bohnencreme

ZUBEREITUNGSDAUER: 20MIN - PORTIONEN: 2

Die Bohnencreme, ein facettenreiches Element der veganen Küche, bringt nicht nur eine köstliche Würze auf den Tisch, sondern dient auch als bemerkenswerter Proteinlieferant. Weiße Bohnen, die Hauptzutat der Creme, sind nicht nur für ihren milden Geschmack bekannt, sondern auch für ihre Fähigkeit, Aromen von beigefügten Gewürzen und Zutaten wunderbar aufzunehmen. Während die Avocado mit ihren gesunden Fetten und dem samtigen Mundgefühl punktet, bietet die Tomate eine erfrischende Säure, die perfekt mit der pikanten Creme harmoniert. Ein interessanter Fakt ist, dass Toast in seiner Ursprungsform im alten Rom nicht etwa in einem Toaster, sondern über offenem Feuer zubereitet wurde – eine Methode, die bis heute in einigen Kulturen praktiziert wird.

Zutaten

2 Scheiben Vollkorntoast (oder Vollkornbrot der Wahl)
1 Dose (ca. 400g) weiße Bohnen, abgespült und abgetropft
1 kleine Zwiebel, fein gehackt
2 Knoblauchzehen, gepresst
1 frische Chilischote, fein gehackt (optional, je nach Schärfebedarf)
2 EL Olivenöl
1 TL Kreuzkümmel, gemahlen
Salz und Pfeffer nach Geschmack
Frischer Koriander oder Petersilie zum Garnieren
10 Cherrytomaten, halbiert
1 Avocado, in Scheiben geschnitten
Frischer Zitronensaft

Zubereitung

1. **Bohnencreme zubereiten**: Die Zwiebel, den Knoblauch und die Chilischote (falls verwendet) in 1 EL Olivenöl bei mittlerer Hitze anbraten, bis die Zwiebeln glasig sind.
2. Die weißen Bohnen, Kreuzkümmel, Salz und Pfeffer hinzufügen und für etwa 5 Minuten köcheln lassen, damit die Bohnen die Aromen aufnehmen können.
3. Die Mischung mit einem Stabmixer oder in einem Standmixer pürieren, bis eine glatte Creme entsteht. Bei Bedarf etwas Wasser hinzufügen, um die gewünschte Konsistenz zu erreichen.
4. **Toast vorbereiten**: Die Brotscheiben toasten, bis sie knusprig und goldbraun sind.
5. **Zusammenstellen**: Die Bohnencreme großzügig auf den Toastscheiben verteilen.
6. Avocadoscheiben und Tomaten darauf legen und mit einem Spritzer Zitronensaft beträufeln.
7. Mit frischem Koriander oder Petersilie garnieren.
8. **Optional**: Für zusätzliche Würze und Frische können Sie noch einige Tropfen Olivenöl und eine Prise Salz über die Toasts träufeln.

Tomaten-Basilikum-Bruschetta mit schwarzen Bohnen

ZUBEREITUNGSDAUER: 20 MIN - PORTIONEN: 2

Wussten Sie, dass die Tomate, eine unverzichtbare Zutat in unserem Bruschetta-Rezept, ursprünglich aus den Anden stammt und in der Aztekenkultur hoch geschätzt wurde? Der Basilikum, mit seinem unverkennbaren Aroma, spielte nicht nur in der kulinarischen, sondern auch in der mythischen Geschichte des alten Griechenlands eine Rolle, wo er mit der Liebe und dem Schutz vor bösen Geistern in Verbindung gebracht wurde. Schwarze Bohnen, die hier eine pikante Tiefe beisteuern, waren ein Grundnahrungsmittel der alten peruanischen Kultur, etwa 1200 v. Chr. Bei der Betrachtung dieses Rezeptes reisen wir also durch verschiedene Kulturen und Zeiten, verweben ihre reichen Geschichten, und kreieren so einen kulinarischen Genuss, der durch Zeiten und Kontinente gereicht hat.

Zutaten

4 Scheiben Vollkornbrot oder anderes Brot der Wahl
2 mittelgroße Tomaten
1 Dose schwarze Bohnen (ca. 400 g), abgespült und abgetropft
1 Knoblauchzehe, fein gehackt
1 Handvoll frisches Basilikum, gehackt
3 EL Olivenöl
2 EL Balsamico-Essig
Salz und Pfeffer nach Geschmack
1 rote Zwiebel, klein geschnitten (optional)
1 kleine Chilischote, entkernt und fein gehackt (optional für etwas Würze)

Zubereitung

1. **Bohnen-Tomaten-Mix vorbereiten**: Tomaten waschen, entkernen und in kleine Würfel schneiden.
2. In einer Schüssel, Tomaten, schwarze Bohnen, Knoblauch, Basilikum, Zwiebeln und Chilischote vermischen.
3. Olivenöl und Balsamico-Essig hinzu und würze mit Salz und Pfeffer hinzufügen. Gut umrühren.
4. De Mischung etwa 10 Minuten ziehen lassen, damit sich die Aromen entfalten können.
5. **Brot vorbereiten**: Den Ofen oder Grill vorheizen.
6. Das Brot leicht mit Olivenöl bepinseln und auf das Backblech legen.
7. Das Brot für etwa 5 Minuten im Ofen oder auf dem Grill rösten, bis es knusprig und goldbraun ist.
8. **Bruschetta Zusammenstellen**: Sobald das Brot geröstet ist, die Bohnen-Tomaten-Mischung gleichmäßig darauf verteilen.
9. **Optional**: Zusätzlich mit Basilikum und einem zusätzlichen Spritzer Balsamico garnieren, falls gewünscht.
10. **Servieren**: Die Bruschetta warm servieren.

Sandwich mit gebratenem Tofu

ZUBEREITUNGSDAUER: 15 MIN - PORTIONEN: 2

Ein gebratener Tofu ist nicht nur ein kulinarischer Genuss, sondern bringt auch einige erstaunliche Fakten mit sich, die oft übersehen werden. Tofu, das aus sojabohnen hergestellt wird, ist nicht nur eine hervorragende Proteinquelle, sondern auch reich an Kalzium und Eisen, was ihn zu einer exzellenten Wahl für Veganer macht. Darüber hinaus trägt Soja nachweislich dazu bei, den Cholesterinspiegel zu senken und das Herz-Kreislauf-System zu unterstützen. Lassen Sie uns in eine Welt eintauchen, in der Geschmack und Gesundheit Hand in Hand gehen, und genießen Sie jede einzelne Biss von diesem deliziösen Sandwich.

Zutaten

200g fester Tofu
2 EL Sojasoße
1 TL Agavendicksaft oder Ahornsirup
2 EL Pflanzenöl (z.B. Olivenöl)
4 Scheiben Vollkorn- oder Weißbrot
1 Tomate, in Scheiben geschnitten
1/2 Avocado, in Scheiben geschnitten
1 kleine rote Zwiebel, dünn geschnitten
2 EL vegane Mayonnaise
1 TL Senf (optional)
Salz und Pfeffer nach Geschmack
Optional einige Blätter frischer Salat

Zubereitung

1. **Tofu Marinieren und Braten**: Den Tofu in Scheiben schneiden und mit Küchenpapier trocken tupfen.
2. Sojasoße und Agavendicksaft in einer Schüssel vermischen und den Tofu darin marinieren (mindestens 10 Minuten, oder während der Vorbereitung der anderen Zutaten).
3. In einer Pfanne das Öl erhitzen und die Tofuscheiben von beiden Seiten goldbraun anbraten (ca. 3-5 Minuten pro Seite).
4. **Brot Vorbereiten**: Die Brotscheiben toasten, bis sie leicht knusprig sind.
5. Mit veganer Mayonnaise und optional mit Senf bestreichen.
6. Sandwich Zusammenstellen:
7. Auf die untere Brotscheibe die Tofuscheiben legen.
8. Mit Tomate, Avocado, roter Zwiebel (und ggf. Salat) belegen.
9. Mit Salz und Pfeffer nach Geschmack würzen.
10. Die obere Brotscheibe auflegen und leicht andrücken.
11. **Servieren**: Das Sandwich halbieren und sofort servieren, oder für ein Lunchpaket einwickeln.

Süßkartoffel-Bohnen-Burritos

ZUBEREITUNGSDAUER: 20MIN - PORTIONEN: 2

Der Süßkartoffel-Bohnen-Burrito kombiniert die erdige Süße der Süßkartoffel mit der herzhaften Fülle schwarzer Bohnen, und bildet somit nicht nur einen Gaumenschmaus, sondern auch eine nährstoffreiche Mahlzeit. Wussten Sie, dass Süßkartoffeln eine hervorragende Quelle für Beta-Carotin sind, welches in unserem Körper in Vitamin A umgewandelt wird, und dass sie zudem reich an Ballaststoffen und Antioxidantien sind? Schwarze Bohnen hingegen, sind prall gefüllt mit Eiweiß und Eisen, und helfen dabei, den Blutzuckerspiegel zu stabilisieren, während sie gleichzeitig Herz und Verdauung unterstützen.

Zutaten

2 große Süßkartoffeln, gewürfelt
1 Dose schwarze Bohnen, abgespült und abgetropft
1 kleine Zwiebel, gewürfelt
2 Knoblauchzehen, gehackt
1/2 Tasse Mais (frisch oder gefroren)
2 TL Olivenöl
1 TL Kreuzkümmel
1/2 TL Paprika
Salz und Pfeffer nach Geschmack
4 große Tortillafladen
1 Avocado, geschnitten
1/2 Tasse frischer Koriander, gehackt
Salsa nach Geschmack
Optional: Limettensaft, gehackte Jalapeños, vegane saure Sahne

Zubereitung

1. **Süßkartoffeln kochen**: Die Süßkartoffelwürfel in einer Mikrowelle oder einem Topf kochen, bis sie weich sind (ca. 5-7 Minuten).
2. **Bohnen-Mix zubereiten**: In einer großen Pfanne das Olivenöl erhitzen und Zwiebel sowie Knoblauch darin anbraten, bis sie weich und duftend sind. Fügen Sie die gekochten Süßkartoffeln, schwarzen Bohnen, Mais, Kreuzkümmel und Paprika hinzu. Braten Sie die Mischung an, bis alles gut erhitzt und gewürzt ist. Mit Salz und Pfeffer abschmecken.
3. **Tortillas erhitzen**: In einer separaten Pfanne die Tortillas beidseitig leicht anbräunen (optional können sie auch direkt vor dem Füllen erwärmt werden).
4. **Burritos zusammenstellen**: Auf jede Tortilla eine großzügige Portion der Süßkartoffel-Bohnen-Mischung geben. Mit Salsa, Avocado, frischem Koriander, und nach Wunsch mit Limettensaft, Jalapeños, und veganer saurer Sahne toppen.
5. **Burritos rollen:** Die Seiten der Tortilla über die Füllung klappen und dann von unten nach oben fest aufrollen.
6. **Servieren**: Die Burritos sofort servieren, während sie noch warm sind, eventuell mit extra Salsa und Avocado garnieren.

Chickpea Smash Sandwich

ZUBEREITUNGSDAUER: 15 MIN - PORTIONEN: 2

Das Chickpea Smash Sandwich vereint nicht nur knackiges Gemüse und den herzhaften Geschmack von zerdrückten Kichererbsen, sondern bringt auch eine beeindruckende Nährstoffdichte mit sich. Mit ihrem nussigen Geschmack und der fähigen Adaption vieler Gewürze sind Kichererbsen nicht nur in der vegetarischen und veganen Küche beliebt. Dieses Sandwich ist eine Ode an die Vielseitigkeit der Kichererbse, eingepackt in eine schnelle, nahrhafte Mahlzeit, die sich ideal für ein Mittagessen eignet, das Energie liefert, ohne zu beschweren.

Zutaten

1 Dose Kichererbsen (ca. 400 g)
2 EL vegane Mayonnaise
1 TL Senf
1 Stängel Frühlingszwiebel, fein gehackt
2 TL Kapern oder eingelegte Gurken, gehackt
Salz und Pfeffer nach Geschmack
1 TL Paprikapulver
2 TL Zitronensaft oder Apfelessig
Frisches Gemüse wie bspw. Tomaten, Rucola, Gurken für die Füllung
4 Scheiben Brot (vorzugsweise Vollkorn oder Sauerteig)

Zubereitung

1. **Kichererbsen-Smash**: Die Kichererbsen abgießen und gründlich abspülen.
2. In einer mittelgroßen Schüssel die Kichererbsen, vegane Mayonnaise, Senf, Zitronensaft oder Essig miteinander vermengen und/oder mit einer Gabel oder einem Kartoffelstampfer zerdrücken, bis eine grob zerstoßene Mischung entsteht.
3. Frühlingszwiebeln, Kapern oder Gurken, Paprikapulver hinzufügen und gut umrühren.
4. Mit Salz und Pfeffer abschmecken und bei Bedarf nachwürzen.
5. **Gemüse vorbereiten**: Das Gemüse waschen und in Scheiben bzw. Streifen schneiden.
6. **Sandwich zusammenstellen**: Die Brotscheiben toasten, wenn gewünscht.
7. Eine großzügige Menge des Kichererbsen-Smash auf einer Brotscheibe verteilen.
8. Mit dem vorbereiteten Gemüse belegen.
9. Die zweite Brotscheibe darauf setzen und leicht andrücken.
10. **Servieren**: Das Sandwich in Hälften oder Viertel schneiden und servieren oder für ein Picknick oder Lunchpaket einpacken.

Quesadillas

ZUBEREITUNGSDAUER: 15 MIN - PORTIONEN: 2

Vegane Quesadillas entführen Sie in die köstliche Welt der mexikanischen Küche mit einem pflanzlichen Twist, der nicht nur für Veganer ansprechend ist! Wussten Sie, dass der Begriff "Quesadilla" aus dem Spanischen stammt und so viel wie "kleine Käsesache" bedeutet? Obwohl traditionelle Quesadillas Käse beinhalten, bietet die heutige Vielfalt an veganen Käsealternativen eine herrliche Möglichkeit, dieses Gericht pflanzlich zu gestalten.

Zutaten

4 mittelgroße Weizentortillas
1 Tasse schwarze Bohnen (gekocht oder aus der Dose, abgespült und abgetropft)
1 reife Avocado
1/2 Tasse Mais (frisch oder gefroren)
1/2 rote Paprika, fein gewürfelt
1/2 Tasse veganer Käse, nach Wahl
2 Frühlingszwiebeln, fein geschnitten
1/2 TL Kreuzkümmel
Salz und Pfeffer nach Geschmack
2 TL Olivenöl
Optional: frischer Koriander, Limettensaft, vegane Sour Cream zum Servieren

Zubereitung

1. **Vorbereiten der Füllung:** Zerdrückte Avocado in eine Schüssel geben und mit Kreuzkümmel, Salz und Pfeffer vermischen.
2. In einer anderen Schüssel, schwarze Bohnen, Mais, gewürfelte Paprika und Frühlingszwiebeln vermengen.
3. **Zusammenstellen der Quesadillas**: Eine Seite der Tortilla mit der Avocadomischung bestreichen.
4. Darauf die Bohnen-Gemüse-Mischung verteilen und mit dem veganen Käse bestreuen. Die zweite Tortilla darauflegen und leicht andrücken.
5. **Braten der Quesadillas**: 1 TL Olivenöl in einer großen Pfanne über mittlerer Hitze erhitzen.
6. Die Quesadilla vorsichtig in die Pfanne legen und für 3-4 Minuten auf jeder Seite braten, bis sie goldbraun und knusprig sind und der Käse geschmolzen ist.
7. **Servieren**: Die Quesadillas kurz abkühlen lassen und anschließend in Viertel schneiden.
8. Optionale: frischer Koriander, ein Spritzer Limettensaft oder veganer Sour Cream.

Tacos mit Linsen

ZUBEREITUNGSDAUER: 20MIN - PORTIONEN: 2

Die kulinarische Welt der Tacos, ursprünglich in der mexikanischen Küche verwurzelt, hat es vermocht, Globetrotter und Food-Enthusiasten weltweit zu begeistern, wobei Linsen, als Protagonisten unseres Rezeptes, eine interessante Wendung einnehmen. Diese kleinen Kraftpakete sind nicht nur reich an Protein und Ballaststoffen, sondern auch nachhaltig und wasserarm in ihrer Produktion, was sie zu einem ökologisch verantwortungsbewussten Lebensmittel macht. Der Einsatz von Linsen als Fleischersatz in Tacos ist nicht nur eine phänomenale vegane Alternative, sondern auch eine leckere Option, die eine erstaunliche Textur und einen nussigen Geschmack mitbringt. Kombiniert mit dem reichen, würzigen Aroma von traditionellen mexikanischen Gewürzen und der Frische von Avocado und Limette, entführt dieser Taco selbst den überzeugtesten Fleischliebhaber in eine neue Welt des Geschmacks.

Zutaten

150 g rote Linsen
1 große Zwiebel, fein gehackt
3 Knoblauchzehen, gepresst
1 Paprika, gewürfelt
1 Karotte, gewürfelt
2 EL Olivenöl
2 TL Kreuzkümmel
1 TL Paprika
1/2 TL Cayennepfeffer (optional, für Wärme)
Salz und Pfeffer nach Geschmack
8 kleine Mais-Tortillas
1 Avocado, in Scheiben geschnitten
1 Tomate, gewürfelt
Frischer Koriander zum Garnieren
Limettenscheiben zum Servieren

Zubereitung

1. **Linsen kochen**: Die Linsen nach Packungsanleitung kochen und abtropfen lassen.
2. **Gemüse sautieren**: Olivenöl in einer Pfanne erhitzen. Zwiebel, Knoblauch, Paprika und Karotte darin für etwa 5 Minuten anbraten.
3. **Würzen**: Gekochte Linsen, Kreuzkümmel, Paprika, Cayennepfeffer, Salz und Pfeffer zugeben. Alles gut vermischen und weitere 5-7 Minuten braten.
4. **Tortillas vorbereiten**: Die Tortillas nach Packungsanleitung erwärmen.
5. **Tacos zusammenstellen**: Jede Tortilla mit der Linsen-Gemüse-Mischung belegen.
6. Mit Avocado, Tomate, frischem Koriander und einer Limettenscheibe garnieren.
7. **Servieren**: Sofort servieren und genießen. Eventuell mit veganer Sour Cream und einer zusätzlichen Limettenscheibe servieren.

Hummus und Gegrillter Gemüse-Wrap

ZUBEREITUNGSDAUER: 15 MIN - PORTIONEN: 2

Die Faszination für Wraps ist weltweit zu spüren, denn sie vereinen Bequemlichkeit und kulinarische Vielfalt in einem handlichen Format. Hummus, eine cremige Paste aus Kichererbsen, hat ihre Wurzeln im Mittleren Osten und ist nicht nur für seinen köstlichen Geschmack, sondern auch für seinen Reichtum an Protein und Ballaststoffen geschätzt. Gegrilltes Gemüse bringt nicht nur eine rauchige Note in unsere Wraps, sondern auch eine Fülle von Vitaminen und Antioxidantien, die unser Immunsystem stärken. Die Kombination aus Hummus und Gemüse in einem Wrap stellt eine hervorragende Balance aus Kohlenhydraten, Proteinen und gesunden Fetten dar.

Zutaten

2 große Vollkorn-Wraps
1 mittelgroße Zucchini, in Scheiben
1 rote Paprika, in Streifen
1 kleine Aubergine, in Scheiben
1 kleine rote Zwiebel, in Ringe geschnitten
200g vorgefertigter Hummus (oder selbstgemacht)
1 Handvoll frischer Rucola oder Rotkohl
2 EL Olivenöl
1 TL Paprikapulver
Salz und Pfeffer nach Geschmack
Optional: Frische Kräuter, Sesamsamen, Chili-Flocken für das Topping

Zubereitung

1. **Gemüse Grillen**: Heizen Sie eine Grillpfanne über mittlerer Hitze und bestreichen Sie das Gemüse mit Olivenöl und würzen Sie es mit Paprikapulver, Salz und Pfeffer.
2. Grillen Sie Zucchini, Paprika, Aubergine und Zwiebeln für etwa 2-3 Minuten pro Seite oder bis sie weich und leicht verkohlt sind.
3. **Wraps Vorbereiten**: Während das Gemüse grillt, erwärmen Sie die Wraps in einer separaten Pfanne oder im Ofen bis sie flexibel sind.
4. Bestreichen Sie jede Wrap großzügig mit Hummus.
5. **Wraps Zusammenstellen**: Verteilen Sie das gegrillte Gemüse gleichmäßig auf den Wraps und legen Sie eine Handvoll Rucola oder Spinat darüber.
6. Optional können Sie noch frische Kräuter, Sesamsamen oder Chili-Flocken darüber streuen.
7. **Wraps Rollen**: Rollen Sie die Wraps fest zusammen und schneiden Sie sie in der Mitte durch. Optional können Sie sie kurz in der Grillpfanne von jeder Seite anbraten, um sie knusprig zu machen.
8. **Servieren**: Servieren Sie die Wraps sofort, oder packen Sie sie ein für ein Picknick oder Mittagessen unterwegs!

Tempeh-Salza-Sandwich

ZUBEREITUNGSDAUER: 15 MIN - PORTIONEN: 2

Das Tempeh-Salza-Sandwich bringt das Beste aus fermentierten Sojabohnen und der pikanten Würze der Salza-Sauce zusammen, um ein überraschend befriedigendes kulinarisches Erlebnis zu kreieren. Tempeh, traditionell in der indonesischen Küche verwurzelt, ist nicht nur für seine erdigen und nussigen Noten bekannt, sondern auch eine reiche Quelle für Proteine und Probiotika, die die Darmgesundheit fördern können. Auf der anderen Seite steht Salza, eine dynamische Mischung aus Tomaten, Chili und verschiedenen Gewürzen, die als kulinarischer Akzent der mexikanischen Küche gilt und gleichzeitig eine exquisite Balance zwischen Süße und Schärfe bietet.

Zutaten

200g Tempeh
3 EL Sojasoße oder Tamari
2 EL Agavendicksaft oder Ahornsirup
2 EL Olivenöl
4 Scheiben Vollkornbrot
2 EL Salsa (nach Wahl)
Einige Blätter frischer Salat (z.B. Romaine)
1 reife Tomate, in Scheiben geschnitten
1/2 Avocado, in Scheiben geschnitten
2 EL vegane Mayonnaise
1 TL Senf (optional)
Salz und Pfeffer nach Geschmack

Zubereitung

1. **Tempeh Marinieren und Braten**: Tempeh in Scheiben oder Streifen schneiden und mit einer Mischung aus Sojasoße und Agavendicksaft marinieren (mindestens 10 Minuten, oder während der Vorbereitung der anderen Zutaten).
2. In einer Pfanne das Olivenöl erhitzen und den Tempeh von beiden Seiten bis zur gewünschten Bräunung anbraten (ca. 4-5 Minuten pro Seite).
3. **Brot Vorbereiten**: Brotscheiben toasten, bis sie knusprig sind.
4. Eine Seite jeder Scheibe mit veganer Mayonnaise (und optional mit Senf) bestreichen.
5. **Sandwich Zusammenstellen**: Auf die untere, mit Mayonnaise bestrichene Brotscheibe, die Tempehscheiben legen.
6. Die Salsa über den Tempeh verteilen.
7. Dann mit Tomaten-, Avocadoscheiben und Salat belegen.
8. Mit Salz und Pfeffer nach Geschmack würzen.
9. Die obere Brotscheibe aufsetzen.
10. **Servieren**: Das Sandwich in zwei Hälften schneiden und sofort genießen oder einpacken für ein schnelles, leckeres Mittagessen unterwegs.

Snacks und süße Versuchungen

Mozzarella-Sticks

Pikantes Popcorn

Kokosnuss-Dattel-Energiekugeln

Kichererbsen-Snacks

Gebackene Zucchini-Chips

Pikantes Gemüse mit Hummus

Apfel-Peanutbutter-Snack

Süßkartoffel-Toast

Blaubeer-Toast

Banane und Erdnussbutter Wrap

Gegrillte Ananas mit Zimt und Ahornsirup

Gebackene Kürbischips mit Curry

Kartoffelchips mit Salsa

Mozzarella-Sticks

ZUBEREITUNGSDAUER: 20 MIN - PORTIONEN: 2

Traditionell werden diese kleinen Leckerbissen in den USA als „Appetizer“ geschätzt, doch ihre Beliebtheit erstreckt sich weltweit. Der vegane Mozzarella, oft auf Basis von Cashewnüssen, Kokosöl oder Mandeln hergestellt, überrascht mit einer ähnlichen Schmelzfähigkeit und einem milden, angenehm käseartigen Geschmack. In diesem Rezept bekommen die veganen Mozzarella-Sticks ihre knusprige Panade durch Panko, ein japanisches Paniermehl, bekannt für seine leichte und knusprige Textur.

Zutaten

200g veganer Mozzarella (in Form eines Blocks, nicht gerieben)
80g Paniermehl (vorzugsweise Panko für mehr Knusprigkeit)
60g Mehl
60ml Pflanzenmilch (z.B. Mandel-, Soja- oder Hafermilch)
2 TL Apfelessig
1 TL Knoblauchpulver
1 TL Zwiebelpulver
1/2 TL Salz
1/2 TL Paprikapulver
Pflanzenöl zum Braten
Marinara-Sauce zum Eintauchen

Zubereitung

1. **Vorbereiten des "Mozzarellas"**: Schneiden Sie den veganen Mozzarella in Streifen von etwa 1 cm Dicke.
2. Legen Sie sie in den Gefrierschrank, während Sie die anderen Zutaten vorbereiten.
3. **Bereiten Sie die Panade vor**: In einer flachen Schale oder einem Teller das Mehl bereitstellen.
4. In einer weiteren Schale Pflanzenmilch mit Apfelessig mischen.
5. In einer dritten Schale Paniermehl, Knoblauchpulver, Zwiebelpulver, Salz und Paprikapulver vermischen.
6. **Panieren der Mozzarella-Sticks**: Tauchen Sie jeden Mozzarella-Stick erst in das Mehl, dann in die Pflanzenmilch und schließlich in die Panko-Mischung.
7. Legen Sie die panierten Sticks auf einen Teller und lassen Sie sie kurz ruhen, sodass die Panade fest werden kann.
8. **Braten der Mozzarella-Sticks**: Erhitzen Sie eine tiefe Pfanne oder einen Topf mit reichlich Pflanzenöl auf mittlerer Stufe. Prüfen Sie die Temperatur, indem Sie ein kleines Stück Brot ins Öl geben – wenn es zischt und braun wird, ist es bereit.
9. Braten Sie die Mozzarella-Sticks vorsichtig für etwa 2-3 Minuten, bis sie goldbraun sind.
10. Legen Sie die gebratenen Sticks auf ein mit Küchenpapier ausgelegtes Tablett, um überschüssiges Öl aufzusaugen.
11. **Servieren**: Servieren Sie die heißen, knusprigen Mozzarella-Sticks mit Marinara-Sauce zum Eintauchen.

Pikantes Popcorn

ZUBEREITUNGSDAUER: 15 MIN - PORTIONEN: 2

Popcorn, das in seiner Heimat Amerika ursprünglich als "popped corn" bezeichnet wird, ist nicht nur ein beliebter Snack während Filmabenden, sondern auch ein kulinarischer Leckerbissen mit einer reichen Geschichte, die bis zu 3600 Jahre zurückreicht, wie archäologische Funde in Mexiko belegen. Überraschenderweise wird Popcorn, insbesondere wenn es ohne Butter und mit leichten Gewürzen zubereitet wird, als gesunder Snack angesehen, reich an Ballaststoffen und sogar mit einer guten Menge an Antioxidantien.

Zutaten

1/2 Tasse Popcornkörner
3 Esslöffel Kokosöl (oder ein anderes hocherhitzbares Öl)
1 Teelöffel Paprikapulver (gerne auch geräuchertes Paprikapulver)
1/2 Teelöffel Cayennepfeffer (optional und je nach Schärfebedarf anzupassen)
1 Teelöffel Knoblauchpulver
2 Teelöffel Hefeflocken (für einen käseähnlichen Geschmack)
1/2 Teelöffel Zwiebelpulver
1/2 Teelöffel Meersalz
1/2 Teelöffel schwarzer Pfeffer
Optional: gehackte frische Kräuter wie Rosmarin oder Thymian für ein zusätzliches Aroma

Zubereitung

1. **Popcorn Zubreiten**: In einem großen Topf das Öl auf mittlerer Stufe erhitzen. Ein paar Popcornkörner hinzufügen; wenn diese aufpoppen, die restlichen Körner hinzufügen.
2. Den Deckel auflegen und den Topf hin und her rütteln, um ein Anbrennen der Körner zu vermeiden.
3. Wenn das Popp-Geräusch nachlässt, den Topf von der Hitze nehmen und kurz stehen lassen, bis das Poppgeräusch aufhört.
4. **Würzmischung Herstellen**: In einer kleinen Schüssel Paprikapulver, Cayennepfeffer, Knoblauchpulver, Hefeflocken, Zwiebelpulver, Meersalz und Pfeffer miteinander vermischen.
5. Bei Verwendung von frischen Kräutern, diese nun ebenfalls unterrühren.
6. **Popcorn Würzen**: Das fertige Popcorn in eine große Schüssel geben und während es noch warm ist, mit der Würzmischung bestreuen.
7. Das Popcorn gut durchmischen, sodass alle Stücke gleichmäßig gewürzt sind.
8. **Servieren**: Das pikante Popcorn in Schüsseln verteilen und nach Belieben noch mit frischen Kräutern garnieren. Sofort servieren und genießen!

Kokosnuss-Dattel-Energiekugeln

ZUBEREITUNGSDAUER: 20 MIN - PORTIONEN: 2

Kokosnuss-Dattel-Energiekugeln sind nicht nur eine süße Verführung, sondern auch ein kraftvoller Energielieferant, der ursprünglich aus der arabischen Welt stammt, wo Datteln seit Jahrtausenden hochgeschätzt werden. Datteln sind bekannt für ihre hohe Energiedichte und enthalten neben natürlichen Zuckern auch Ballaststoffe, Vitamine und Mineralien, die sie zu einem idealen Snack für zwischendurch oder nach dem Sport machen. Die Kokosnuss wiederum, in der westlichen Welt vor allem als exotische Frucht bekannt, ist in vielen tropischen Ländern ein Grundnahrungsmittel und wird aufgrund ihrer vielseitigen Verwendbarkeit und ihres Nährstoffreichtums geschätzt.

Zutaten

200g entsteinte Datteln
100g Kokosraspeln (und etwas mehr zum Wälzen)
2 EL Kokosöl
1 TL Vanilleextrakt
Eine Prise Salz
2 EL Kakao- oder Kakaopulver (optional)
50g Nüsse nach Wahl (z.B. Mandeln, Cashews oder Walnüsse)

Zubereitung

1. **Datteln einweichen**: Legen Sie die Datteln für etwa 10 Minuten in warmes Wasser, um sie etwas aufzuweichen. Danach abtropfen lassen.
2. **Mixen**: Geben Sie die eingeweichten Datteln zusammen mit den Kokosraspeln, Kokosöl, Vanilleextrakt, einer Prise Salz und optional Kakao- oder Kakaopulver in eine Küchenmaschine und mixen Sie, bis eine klebrige Masse entsteht.
3. **Nüsse zerkleinern**: In der Zwischenzeit die Nüsse grob hacken oder in der Küchenmaschine zerkleinern. Dann zur Dattel-Kokos-Mischung hinzufügen und nochmals kurz mixen, um alles zu vermengen.
4. **Kugeln formen**: Verwenden Sie Ihre Hände, um kleine Kugeln aus der Masse zu formen. Sollte die Masse zu klebrig sein, können Sie Ihre Hände mit etwas Wasser befeuchten.
5. **In Kokosraspeln wälzen**: Rollen Sie die Kugeln in Kokosraspeln, bis sie rundum bedeckt sind.
6. **Kühlen**: Lassen Sie die Energiekugeln für etwa 10 Minuten im Kühlschrank fest werden, um sie danach zu genießen oder für später aufzubewahren.

Kichererbsen-Snacks

ZUBEREITUNGSDAUER: 20 MIN - PORTIONEN: 2

Kichererbsen, auch als Garbanzo-Bohnen bekannt, sind nicht nur unglaublich vielseitig in der Küche, sondern auch ein Kraftpaket, wenn es um Nährstoffe geht, indem sie eine exzellente Proteinquelle in der veganen Ernährung darstellen. Überraschenderweise wurden Kichererbsen bereits um 7.500 vor Christus im Nahen Osten kultiviert und sind somit eine der ältesten angebauten Hülsenfrüchte der Welt.

Zutaten

1 Dose Kichererbsen (ca. 400g)
2 EL Olivenöl
1 TL Paprikapulver
1/2 TL Kurkuma
1/2 TL Knoblauchpulver
1/2 TL Chiliflocken (optional, für zusätzliche Schärfe)
Salz und Pfeffer nach Geschmack
1 TL Zitronensaft oder Essig für eine säuerliche Note (optional)

Zubereitung

1. **Kichererbsen Vorbereiten**: Die Kichererbsen abgießen, gut abspülen und trockentupfen.
2. Den Backofen auf 200 Grad Celsius vorheizen.
3. **Zubereitung: Würz-Öl Mischung**: In einer Schüssel das Olivenöl mit Paprikapulver, Kurkuma, Knoblauchpulver, Chiliflocken, Salz und Pfeffer vermengen.
4. **Optional**: Zitronensaft oder Essig hinzufügen.
5. Kichererbsen Backen: Die Kichererbsen in die Schüssel geben und sicherstellen, dass sie gleichmäßig mit der Würzmischung überzogen sind.
6. Ein Backblech mit Backpapier auslegen und die Kichererbsen darauf verteilen.
7. Für etwa 15 Minuten im vorgeheizten Backofen backen, bis sie knusprig und goldbraun sind. Zwischendurch einmal umrühren, um eine gleichmäßige Bräunung zu gewährleisten.
8. **Servieren**: Lassen Sie die Kichererbsen kurz abkühlen und genießen Sie sie warm oder lassen Sie sie komplett auskühlen für einen knusprigen Snack für unterwegs.
9. **Tipp**: Experimentieren Sie mit den Gewürzen, um verschiedene Geschmacksrichtungen zu erzeugen - denken Sie an Curry, Kreuzkümmel oder Thymian.

Gebackene Zucchini-Chips

ZUBEREITUNGSDAUER: 20 MIN - PORTIONEN: 2

Die Zucchini, auch unter dem Namen Sommerkürbis bekannt, bringt nicht nur eine niedrige Kalorienzahl, sondern auch eine beeindruckende Menge an Nährstoffen mit sich, darunter Vitamin C und K. Wussten Sie, dass Zucchinipflanzen eigentlich zu den Gattungen der Kürbisgewächse gehören und daher eng mit Kürbissen verwandt sind? Und obwohl wir sie oft als Gemüse behandeln, sind sie botanisch gesehen Beeren! In diesem Rezept wandeln wir die unscheinbare Zucchini in knackige, gebackene Chips um, die nicht nur eine gesündere Alternative zu Kartoffelchips darstellen, sondern auch ein absoluter Hingucker bei jedem Snack-Buffet sind.

Zutaten

2 mittelgroße Zucchini
1/2 Tasse Panko (japanische Semmelbrösel)
1/2 Tasse fein gemahlene Mandeln oder Mandelmehl
1 TL Paprikapulver
1 TL Zwiebelpulver
1/2 TL Knoblauchpulver
1/2 TL schwarzer Pfeffer
1/2 TL Salz
1/2 Tasse ungesüßte Pflanzenmilch
1 TL Apfelessig

Zubereitung

1. **Vorbereitung:** Heize deinen Backofen auf 220 Grad Celsius vor und lege ein Backblech mit Backpapier aus.
2. **Mischen der Trockenzutaten:** In einer flachen Schale oder einem tiefen Teller mische Panko, gemahlene Mandeln, Paprikapulver, Zwiebelpulver, Knoblauchpulver, Pfeffer und Salz.
3. **Pflanzenmilch-Vorbereitung:** In einer separaten Schale mische Pflanzenmilch mit Apfelessig und lass die Mischung für etwa eine Minute sitzen.
4. **Zucchini-Vorbereitung:** Wasche die Zucchini und schneide sie in dünne Scheiben (etwa 3 mm dick).
5. **Panieren:** Tauche jede Zucchinischeibe zuerst in die Pflanzenmilch und danach in die Panko-Mischung. Achte darauf, dass die Scheiben gleichmäßig von der Panade bedeckt sind.
6. **Backen:** Lege die panierten Zucchinischeiben auf das vorbereitete Backblech und backe sie für etwa 10-15 Minuten oder bis sie goldbraun und knusprig sind. Achte darauf, sie zur Hälfte der Backzeit einmal zu wenden, damit sie gleichmäßig garen.
7. **Servieren:** Lass die Zucchini-Chips kurz abkühlen und genieße sie dann als Snack oder Beilage. Sie schmecken hervorragend mit einem veganen Aioli oder einem frischen Avocado-Dip.

Pikantes Gemüse mit Hummus

ZUBEREITUNGSDAUER: 20 MIN - PORTIONEN: 2

Der Hummus, eine cremige Paste aus Kichererbsen, findet seinen Ursprung im Nahen Osten und hat eine reiche Geschichte, die bis ins 13. Jahrhundert zurückreicht. Während Hummus heute weltweit beliebt ist, sind es die scharfen Aromen und das reichhaltige Gemüse des Mittelmeers, die in diesem Rezept für gebackenes Gemüse mit Hummus eine Hauptrolle spielen. Der Kick von Chilipulver gibt dem Gericht nicht nur Würze, sondern kurbelt auch den Stoffwechsel an. So entsteht ein Snack, der nicht nur köstlich, sondern auch nahrhaft ist und Sie auf eine kulinarische Reise in den Nahen Osten mitnimmt.

Zutaten

Gemüse nach Wahl: z.B.:
1 Zucchini
1 Aubergine
1 rote Paprika
1 gelbe Paprika
1 TL Chilipulver
2 EL Olivenöl
Salz und Pfeffer nach Geschmack

Hummus:
1 Dose (400 g) Kichererbsen, abgetropft
2 EL Tahini
2 Knoblauchzehen
Saft von 1 Zitrone
2 EL Olivenöl
Salz nach Geschmack
1 TL Paprikapulver
Frische Petersilie zum Garnieren

Zubereitung

1. **Gemüse vorbereiten**: Backofen auf 200°C vorheizen. Zucchini, Aubergine und Paprika waschen und in mundgerechte Stücke schneiden. Das Gemüse mit Olivenöl, Chilipulver, Salz und Pfeffer vermengen und auf ein mit Backpapier belegtes Backblech verteilen.
2. **Gemüse backen**: Das gewürzte Gemüse im vorgeheizten Ofen etwa 15-18 Minuten backen, bis es leicht gebräunt und weich ist.
3. **Hummus zubereiten**: Während das Gemüse backt, Kichererbsen, Tahini, Knoblauch, Zitronensaft, Olivenöl und Salz in einen Food Processor geben und zu einer glatten Masse verarbeiten. Bei Bedarf etwas Wasser hinzufügen, um die gewünschte Konsistenz zu erreichen.
4. **Anrichten**: Den Hummus auf einen Teller streichen und das scharfe gebackene Gemüse darauf verteilen. Mit Paprikapulver und frischer Petersilie garnieren.
5. **Servieren**: Mit warmem Fladenbrot oder als Beilage zu einem Hauptgericht servieren.

Apfel-Peanutbutter-Snack

ZUBEREITUNGSDAUER: 20 MIN - PORTIONEN: 2

Apfel und Erdnussbutter, eine Kombination, die vielleicht einfach klingt, birgt eine bemerkenswerte Geschmackssinfonie. Äpfel gehören zu den ältesten Früchten, die von Menschen kultiviert wurden, und es gibt über 7.500 Sorten weltweit. Erdnussbutter, ursprünglich von den alten Azteken hergestellt, wurde in ihrer heutigen Form in den USA populär. Dieser Snack kombiniert die knackige Süße von Äpfeln mit der cremigen Intensität von Erdnussbutter und liefert sowohl wertvolle Ballaststoffe als auch Proteine. Ein Genuss für die Sinne und ein Energiebooster für zwischendurch!

Zutaten

2 große Äpfel
4 EL Peanutbutter (ungesüßt und ohne zusätzliches Öl)
2 EL gehackte Nüsse (z.B. Mandeln, Cashews oder Erdnüsse)
2 EL Rosinen oder getrocknete Cranberries
1 TL Zimt
1 TL Agavendicksaft oder Ahornsirup (optional)

Zubereitung

1. **Äpfel Vorbereiten**: Wasche die Äpfel gründlich und entferne das Kerngehäuse.
2. Schneide die Äpfel in Ringe.
3. **Toppings Zusammenstellen**: In einer kleinen Schüssel die Nüsse und Rosinen vermengen.
4. In einer anderen kleinen Schüssel den Zimt mit dem Agavendicksaft oder Ahornsirup vermischen, falls du eine süßere Note bevorzugst.
5. **Zusammenbauen des Snacks**: Streiche auf jeden Apfelschnitt eine Schicht Peanutbutter. Achte darauf, dass die Oberfläche gut bedeckt ist.
6. Bestreue die mit Peanutbutter beschichteten Apfelschnitte gleichmäßig mit der Nuss-Rosinen-Mischung.
7. Träufle das Zimt-Sirup-Gemisch darüber.
8. **Servieren**: Die Apfelschnitte können direkt serviert oder für später in den Kühlschrank gestellt werden.
9. Dieser Snack eignet sich hervorragend als schneller Energiespender nach dem Workout oder als süßer, gesunder Snack zwischendurch.

Süßkartoffel-Toast

ZUBEREITUNGSDAUER: 20 MIN - PORTIONEN: 2

Der Süßkartoffel-Toast stellt eine brillante, getreidefreie Alternative dar, die nicht nur farbenfroh, sondern auch randvoll mit Nährstoffen ist, indem er Beta-Carotin, Vitamin C und Ballaststoffe liefert. Ursprünglich in Mittel- und Südamerika beheimatet, hat die Süßkartoffel weltweit Küchen erobert und ist ein fester Bestandteil vieler Küchen geworden. Die natürliche Süße der Süßkartoffel harmoniert exzellent mit einer Vielzahl von Belägen, von süß bis herzhaft, und ermöglicht eine schier unendliche Vielfalt an Geschmackskombinationen.

Zutaten

1 große Süßkartoffel
1 Avocado
1 Teelöffel Zitronensaft
Salz und Pfeffer nach Geschmack
Einige Cherrytomaten
Frische Koriander- oder Basilikumblätter
1 Teelöffel Sesamsamen
Chiliflocken (optional)

Zubereitung

1. **Vorbereiten der Süßkartoffel**: Waschen Sie die Süßkartoffel gründlich und schneiden Sie sie in etwa 0,5 cm dicke Scheiben.
2. Toasten Sie die Süßkartoffelscheiben in einem Toaster, Toasterofen oder einer Grillpfanne bis sie durchgegart und leicht knusprig sind (je nach Dicke und Toaster dauert das etwa 10-15 Minuten).
3. **Avocado-Creme zubereiten**: Während die Süßkartoffel toastet, halbieren Sie die Avocado, entfernen den Kern, und löffeln das Fruchtfleisch in eine Schüssel.
4. Zerdrücken Sie die Avocado mit einer Gabel und mischen Sie den Zitronensaft unter.
5. Schmecken Sie die Avocado-Creme mit Salz und Pfeffer ab.
6. **Tomaten vorbereiten**: Waschen Sie die Cherrytomaten und schneiden Sie sie in kleine Stücke oder Scheiben.
7. **Anrichten**: Bestreichen Sie die Süßkartoffel-Toasties mit der Avocado-Creme.
8. Belegen Sie sie mit den Tomatenstückchen.
9. Streuen Sie, wenn gewünscht, Chiliflocken und Sesamsamen darüber.
10. Garnieren Sie mit frischen Korianderblättern.

Blaubeer-Toast

ZUBEREITUNGSDAUER: 20 MIN - PORTIONEN: 2

Blaubeeren, oft als „Superfood“ bezeichnet, sind reich an Antioxidantien, Vitamin C und Mangan, und sie verleihen dem Toast nicht nur eine bezaubernde Farbe, sondern auch eine süße und leicht säuerliche Geschmacksnote. Interessanterweise ist die Blaubeere eine der wenigen Früchte, die ursprünglich aus Nordamerika stammen, und wurde von den Ureinwohnern sowohl als Nahrungsmittel als auch medizinisch genutzt. Dieser Toast kombiniert das Knusprige des gerösteten Brotes mit der Frische und Saftigkeit der Beeren, was ihn zu einem verführerischen Snack oder Frühstück macht.

Zutaten

2 Scheiben Ihres bevorzugten Brotes (z.B. Vollkorn, glutenfrei, etc.)
1 Tasse frische Blaubeeren
1 Esslöffel Agavendicksaft oder Ahornsirup
1/2 Teelöffel Vanilleextrakt
1/2 Tasse vegane Quark- oder Joghurtalternative
Frische Minze zum Garnieren
Optional: Zitronenzesten und/oder gehackte Nüsse (z.B. Mandeln, Walnüsse) für extra Geschmack und Crunch

Zubereitung

1. **Blaubeersauce zubereiten**: Geben Sie die Blaubeeren zusammen mit dem Agavendicksaft oder Ahornsirup und dem Vanilleextrakt in einen kleinen Topf.
2. Köcheln Sie die Mischung auf mittlerer Flamme für etwa 10 Minuten, bis die Blaubeeren aufgeplatzt sind und eine Sauce entstanden ist. Rühren Sie gelegentlich um.
3. **Toasts zubereiten:** Toasten Sie die Brotscheiben in einem Toaster oder einer Pfanne bis sie knusprig und goldbraun sind.
4. **Anrichten**: Streichen Sie eine großzügige Schicht der veganen Quark- oder Joghurtalternative auf jeden Toast.
5. Löffeln Sie die warme Blaubeersauce darüber.
6. Garnieren Sie mit frischen Minzblättern und nach Belieben mit Zitronenzesten und/oder gehackten Nüssen.
7. **Servieren:** Servieren Sie den Blaubeer-Toast warm und genießen Sie diesen süßen, fruchtigen Snack oder das schnelle Frühstück!

Banane und Erdnussbutter Wrap

ZUBEREITUNGSDAUER: 20 MIN - PORTIONEN: 2

Die Kombination von Banane und Erdnussbutter ist nicht nur ein Gaumenschmaus, sondern auch ein Duo, das eine Extraportion Energie liefern kann, ideal für einen aktiven Start in den Tag oder als kraftspendender Snack. Wussten Sie, dass Erdnussbutter nicht nur proteinreich, sondern auch reich an Antioxidantien, insbesondere Resveratrol ist? Und interessanterweise tragen Bananen, reich an Vitamin B6, dazu bei, die kognitive Leistung zu verbessern und die Stimmung zu heben.

Zutaten

2 Bananen, geschält und klein geschnitten
4 Vollkorn-Wraps
4 Esslöffel Erdnussbutter (oder je nach Vorliebe)
2 Esslöffel Ahornsirup oder Agavendicksaft (optional)
1 Teelöffel Zimt (optional)
2 Esslöffel gehackte Nüsse (z.B. Mandeln, Walnüsse) oder Samen
Frisches Obst für die Garnierung (z.B. Beeren, Apfelscheiben)

Zubereitung

1. **Vorbereiten der Wraps**: Die Wraps in einer Pfanne ohne Öl auf jeder Seite für etwa 30 Sekunden erhitzen oder bis sie warm und leicht knusprig sind.
2. **Füllung vorbereiten:** Bananen schälen und beiseite legen.
3. Soll die Erdnussbutter etwas flüssig sein, diese leicht in einer kleinen Pfanne oder in der Mikrowelle erhitzen.
4. **Wraps zusammenstellen**: Auf jedem Wrap gleichmäßig die Erdnussbutter ausbreiten. Die Bananenstücke in der Mitte verteilen.
5. Über die Banane Ahornsirup oder Agavendicksaft träufeln und falls gewünscht, Zimt oder gehackte Nüsse über drüberstreuen.
6. **Roll den Wrap**: Die Seiten der Wraps leicht einfalten und dann von unten nach oben fest aufrollen.
7. **Optional**: Für eine goldbraune, knusprige Oberfläche, brate die Wraps nochmals in einer Pfanne mit etwas Öl bis sie goldbraun sind.
8. **Servieren**: Die Wraps in der Mitte durchschneiden und warm servieren.
9. Mit frischen Früchten für einen zusätzlichen Frischekick garnieren.

Gegrillte Ananas mit Zimt und Ahornsirup

ZUBEREITUNGSDAUER: 20 MIN - PORTIONEN: 2

Die kunstvolle Kombination von süßer Ananas mit würzigem Zimt und dem reichen Aroma von Ahornsirup entführt in eine kulinarische Welt, die das Tropische mit dem Rustikalen verbindet. Interessant ist, dass Ananas nicht nur für ihre erfrischende Süße, sondern auch für ihre entzündungshemmenden Eigenschaften und Verdauungsförderung bekannt ist, dank des enthaltenen Enzyms Bromelain. Zudem ist der Zimt nicht nur ein spannender geschmacklicher Gegenspieler, sondern besitzt auch eine wärmende Wirkung und kann den Blutzuckerspiegel stabilisieren.

Zutaten

1 reife Ananas
3 Esslöffel Ahornsirup
1 Teelöffel Zimt
1 Prise Salz
Optional: 1 Kugel veganes Vanilleeis pro Portion
Optional: Frische Minze für die Garnierung

Zubereitung

1. **Ananas vorbereiten**: Die Ananas wird geschält, vom Strunk befreit und in Ringe oder Spalten geschnitten.
2. Ein Grill oder eine Grillpfanne wird auf mittlere bis hohe Hitze vorgeheizt.
3. **Marinade herstellen**: Ahornsirup und Zimt werden in einer kleinen Schüssel vermischt.
4. Die Ananasscheiben werden mit der Mischung bepinselt.
5. **Ananas grillen**: Die bepinselten Ananasscheiben werden auf den Grill oder in die Grillpfanne gelegt.
6. Nach etwa 3-4 Minuten, wenn sie schön karamellisiert und mit Grillstreifen versehen sind, werden sie gewendet und auf der anderen Seite ebenso gegrillt.
7. Sobald auch die zweite Seite schöne Grillstreifen aufweist und die Ananas insgesamt etwas weicher geworden ist, werden die Scheiben vom Grill genommen und zur Seite gelegt.
8. **Servieren**: Die gegrillten Ananasscheiben können heiß serviert werden, optional mit einer Kugel veganem Vanilleeis und/oder einem Blättchen frischer Minze als Garnierung.
9. Ein Spritzer Limettensaft kann als erfrischendes Element kurz vor dem Servieren hinzugefügt werden.

Gebackene Kürbischips mit Curry

ZUBEREITUNGSDAUER: 20 MIN - PORTIONEN: 2

Kürbisse, oft als herbstliche Dekoration oder in süßen Kuchen präsentiert, erweisen sich auch als hervorragende Snackoption in Form von knusprigen Chips. Was viele vielleicht nicht wissen: Kürbiskerne enthalten ein Öl, das besonders reich an mehrfach ungesättigten Fettsäuren ist, was sie zu einer herzgesunden Snackoption macht. Zudem ist Currypulver nicht nur lecker, sondern enthält auch Kurkuma, welches für seine entzündungshemmenden und antioxidativen Eigenschaften geschätzt wird.

Zutaten

1 kleiner Kürbis (z.B.: Hokkaido)
2 TL Olivenöl
2 TL Currypulver
1/2 TL Salz
1/4 TL Pfeffer
Optional: weitere Gewürze nach Geschmack (z.B. Paprika, Chili, Knoblauchpulver)

Zubereitung

1. **Kürbis vorbereiten**: Der Kürbis wird gut gewaschen und in dünne Scheiben (ca. 2 mm) geschnitten. Ein Tipp: Hokkaido-Kürbis muss nicht geschält werden!
2. **Ofen vorheizen:** Der Backofen wird auf 200 Grad Celsius (Umluft: 180 Grad) vorgeheizt.
3. Würzöl herstellen: In einer kleinen Schüssel wird das Olivenöl mit Currypulver, Salz, Pfeffer und optionalen Gewürzen vermischt.
4. **Kürbischips zubereiten**: Die Kürbisscheiben werden mit dem Würzöl bestrichen. Anschließend werden sie gleichmäßig auf einem mit Backpapier ausgelegten Backblech verteilt, sodass sie sich nicht überlappen.
5. **Backen**: Die Kürbischips werden im vorgeheizten Ofen für etwa 15-20 Minuten gebacken. Wenden Sie die Chips nach der Hälfte der Backzeit, um sicherzustellen, dass sie gleichmäßig knusprig werden.
6. **Auskühlen lassen**: Lassen Sie die Chips nach dem Backen auf dem Backblech auskühlen, damit sie ihre knackige Textur behalten.
7. **Genießen**: Die Chips können warm oder kalt serviert werden und sind ein hervorragender Snack für zwischendurch.

Kartoffelchips mit Salsa

ZUBEREITUNGSDAUER: 20 MIN - PORTIONEN: 2

Der Genuss von Kartoffelchips mit Salsa vereint die knusprige Einfachheit britischer Snackkultur mit der würzigen Fülle mexikanischer Küche. Obwohl Kartoffelchips erstmals im 19. Jahrhundert in England eingeführt wurden, hat sich ihre Popularität weltweit verbreitet und bildet mit der Salsa, einer Sauce aztekischen Ursprungs, ein perfektes Paar. Interessanterweise können Kartoffelchips, je nach Schnittstärke und Zubereitungsart, stark im Geschmack variieren und damit der Salsa einen mal kräftigen, mal zurückhaltenden Gegenspieler bieten.

Zutaten

Kartoffelchips:
3 große Kartoffeln
Olivenöl
Salz und Pfeffer nach Geschmack

Salsa:
4 reife Tomaten
1 kleine Zwiebel
2 Knoblauchzehen
1 kleine Chilischote
Saft einer Limette
2 EL frischer Koriander, gehackt
Salz und Pfeffer nach Geschmack

Zubereitung

1. **Kartoffelchips vorbereiten:** Den Ofen auf 200°C vorheizen. Kartoffeln in sehr dünne Scheiben schneiden (ein Gemüsehobel kann hierfür genutzt werden). Lege ein Backblech mit Backpapier aus, verteile die Kartoffelscheiben darauf und bestreiche sie leicht mit Olivenöl. Würze mit Salz und Pfeffer nach Geschmack.
2. **Backen**: Für etwa 15-20 Minuten im Ofen backen, bis sie goldbraun und knusprig sind. Einmal während des Backens wenden.
3. **Salsa zubereiten**: Während die Chips backen, alle Salsa-Zutaten (Tomaten, Zwiebel, Knoblauch und Chili) klein hacken und in einer Schüssel mischen. Den Limettensaft und den gehackten Koriander hinzufügen. Mit Salz und Pfeffer abschmecken und gut vermischen.
4. **Servieren**: Die Kartoffelchips aus dem Ofen nehmen und leicht abkühlen lassen. Salsa in einer separaten Schale servieren und zusammen mit den Chips anrichten.
5. **Genießen**: Tauche die selbstgemachten Kartoffelchips in die frische Salsa und genieße!

Rouven Wagner
"20 Minuten Kochbuch. Schnelle vegane Rezepte für eine gesunde Ernährung"
1. deutsche Auflage 2023
ISBN: 978-3-9825854-3-7

Herausgeber:
AGP Verlag
Gennadij Petker
c/o RA Matutis
Berliner Straße 57
14467 Potsdam
Mail: info@ag-publishing.eu

Druck, Bindung und Verarbeitung: Amazon Fulfillment

Die Empfehlungen dieses Buches wurden von Autor und Herausgeber nach bestem Wissen erarbeitet und überprüft. Dennoch kann eine Garantie nicht übernommen werden. Weder der Autor noch der Herausgeber können für eventuelle Nachteile oder Schäden, die aus den im Kochbuch gegebenen Hinweisen resultieren, eine Haftung übernehmen. Vor Nutzung der Rezepte sollte Rücksprache mit dem behandelnden Arzt genommen werden.
Wir hoffen, dass Sie Freude an diesem Kochbuch haben und wir zu mehr Wohlbefinden und Gesundheit beitragen können.
Sie haben Fragen, Anregungen oder Kritik zum Kochbuch? Wir freuen uns über eine Nachricht von Ihnen! Schreiben Sie an: **info@ag-publishing.eu**
Sie sind zufrieden mit dem Kochbuch? Dann teilen Sie Ihre Erfahrung gerne über Amazon. Vielen Dank!

Printed in Poland
by Amazon Fulfillment
Poland Sp. z o.o., Wrocław

31153121R00078